크리스천 경제소프트

크리스천 경제소프트

Copyright ⓒ 김병연 · 조성봉 2008

초판 1쇄 펴냄 | 2008년 6월 20일
2쇄 펴냄 | 2010년 1월 20일
지은이 | 김병연 · 조성봉
펴낸이 | 나삼진
펴낸곳 | 도서출판 생명의 양식
등록 | 1998년 11월 3일. 제22-1443호
주소 | 137-803 서울특별시 서초구 반포동 58-10
전화 | (02) 533-2182
팩스 | (02) 533-2185

총판 | 생명의 말씀사
전화 | (02) 3159-7979
팩스 | (080) 022-8585

북디자인 | 이성희

ISBN 978-89-88618-29-5 03230

이 책은 저작권법에 의해 보호를 받는 출판물입니다.
저자의 허락이 없이는 무단 전재와 복제를 금합니다.
www.qtland.com

그리스도인과 경제·신앙과 삶과 돈

크리스천
경제소프트

한국의 기독교인들은 두 가지 함정에서 빠져 나와야 한다. 사탄은 지금 어떻게 사는 것과 네가 그리스도인이라는 것은 아무 관계가 없다고 속삭인다. 경제생활에 있어 이 '따로'의 함정과 '부자'의 함정에서 벗어나야 한다. 복잡한 경제 문제에서 우리 기독인들은 세상을 보는 관점, 경제를 이해하는 실력을 배양할 필요가 있다.

생명의 양식

추 천 사

현대인의 삶에 점점 중요해지는 경제활동이 신앙과 무관하게 이뤄진다면 올바른 그리스도인의 삶이라 할 수 없다. 전문성과 기독교 세계관에 대한 이해를 겸비한 필자들이 성경에서 경제와 관계된 가르침들을 찾아내어 실생활에 구체적으로 적용할 수 있도록 통찰과 방향을 제시한다. 쉽고 분명하여 누구든지 이해할 수 있고 큰 도움을 얻을 수 있다.

손봉호 박사_고신대학교 석좌교수

성경이 주는 믿음의 원리는 우리 경제 생활과는 무관한 것일까? 여기 건전한 믿음의 소유자이신 두 중견경제학자들께서 성경의 원리가 오늘의 시대정신과 경제생활에 어떻게 적용되야 하는지를 보이고 있다. 기독교인들의 경제에 대한 오해의 불식과 올바른 경제관과 시장관의 확립을 위해 이 책의 일독을 권한다.

이영선 박사_한림대학교 총장, 연세대학교 경제학부 명예교수

경건한 신앙인일수록 경제와 경영은 세상적인 것으로 이해하기 때문에 신앙과 연결하지 않는다. 신앙과 현실을 분리시켜 생각하는 이원론 때문이다. 신앙은 곧 삶이어야 한다. 삶을 떠난 신앙은 신앙일 수 없다. 경제는 삶이다. 중요한 삶이다. 그러므로 경제는 반드시 신앙과 연관이 있어야 한다.

그와 같은 중요한 작업을 신실한 기독교인이고 경제 전문가인 서울대 김병연 교수와 한국경제연구원의 조성봉 박사가 이 책을 통해 해주고 있다. 모든 경건한 신앙인들의 필독을 추천이 아니라 강권하고 싶다.

김동호 목사 _ 높은뜻 숭의교회

우리 삶에서 경제생활과 연결되지 않은 것이 거의 없다. 그러나 그런 삶을 신앙적 안목으로 보며 사는 사람이 실제로 그리 많지 않다. 이 책을 통해서 신앙생활이 매우 구체화된 느낌이다. 이 책을 읽고 난 후에는 이전처럼 신문을 읽고 뉴스를 보지 않게 될 것이다. 기독교적으로 보고 생각하는 눈을 얻게 되었기 때문이다.

정현구 목사 _ 서울영동교회

책을 내며

이 책은 저희들이 2007년 3월부터 국민일보의 '크리스천 경제 소프트'라는 칼럼에 1년 동안 연재했던 글을 모은 것입니다. 2년 전인 2006년, 서울영동교회가 창립 30주년을 맞이하여 기념사업위원회에서는 그 사업의 일환으로 저희들에게 '기독교 신앙과 경제'에 대한 책의 집필을 부탁하였습니다. 이러한 부탁을 받아 저희들이 고심할 즈음, 국민일보에서 기독교인의 경제관에 대한 칼럼 의뢰가 왔습니다. 저희들은 이를 하나님의 인도하심으로 알고 글을 연재하게 되었으며 그 결과 이렇게 책자로 나오게 되었습니다. 모자라면 모자란 대로 받아주시는 하나님께 감사의 마음이 넘칩니다.

사실 경제이야기는 크리스천에게 그다지 편하게 다가오는 주제는 아닙니다. "돈주머니가 회개하지 않으면 참된 회개를 한 것이 아니다"라는 웨슬리 목사의 말씀처럼 경제 문제는 자본주의에서 살아가는 크리스천에게 큰 도전의 말씀이기 때문입니다. 그러나 세상에서는 돈을 삶의 목표로 생각하고 살아가는 사람들이 많고 상당수의 한국의 크리스천도 알게 모르게 그러한 생각에 동화되어 있는 것 같습니다. 그 이유 중 하나는 세상에서의 돈의 위력은 하나님과 경쟁할 정도로 막강한 반면 크리스천들은 은연중에 신앙과 경제생활은 관계가 없다는 생각, 즉 성경적 가치관이 무장해제된 상태에 있기 때문이 아닌가 생각합니다.

저희들은 크리스천이자 경제학자로서 "크리스천은 어떻게 살아야 할 것인가?"라는 질문에 대해 관심을 가지고 생각해 왔습니다. 저희들은 이 책에서 직업선택, 노동, 소비, 투자, 부의 축적 등 크리스천이 실제 생활에서 당면하는 여러 문제에 대해 나름대로 성경적인 관점을 제시해 보려고 노력하였습니다. 그리고 이러한 관점을 갖게 하는 기본 원리, 즉 하나님께서 크리스천에게 바라시는 경제활동의 원리에 대해서도 설명해 보려고 애썼습니다.

또한 "크리스천은 경제현상과 사회를 어떻게 이해해야 할 것인가"에 대해서도 생각해 보기 원했습니다. 크리스천은 성경적 이상을 지향하며 살아야 하지만 사회를 볼 때는 냉철하고 정확하게 이해할 필요가 있다고 생각합니다. 즉 타락이 인간과 사회에 가져온 변화를 과소평가해서는 안된다는 것입니다. 그래서 경제성장, 경쟁, 재산권, 기업가정신, 인적자본, 교육 등과 관련, 크리스천이 지녀야 할 성경적이면서 현실적인 관점에 대해서도 논의해 보고자 하였습니다. 그리고 성경과 경제학에 드러난 지혜로운 삶의 원리에 대해서도 생각을 담아 보았습니다.

하나님은 경제현상을 통하여서도 스스로를 드러내시는 분이십니다. 모든 만물에 하나님의 통치원리가 스며있듯이 하나님은 경제를 통해서도 우리에게 말씀하십니다. 그래서 우리는 하나님의 섭리를 교회 안에서 뿐만 아니라 시장과 경기장에서도 볼 수 있으며 또 보아야만 합니다. 우리는 경제를 단지 세상원리가 지배하는 곳, 그리고 신앙과는 관계없지만 이 땅에 살 동안에 마지못해 해야 하는 생활 정도로 이해해서는 안 될 것입니다. 오히려 가슴에는 성경을 담고, 눈으로는 현실을 보면서 하나님의 경제 원리를 탐색하고 우리의 관점과 생활에 즐거이 이를 적용해야 할 것입니다. 경제생활에서 하나님의 원리를 따라 순종하는 것이 바로 신앙생활이며, 성경의 관점을 따라 경제현상을 이해하고 경제 문제를 접근하는 것이 바로 하나님을 기쁘게 하는 길이라는 생각을 저희들은 이 책을 통해 한국의 크리스천과 함께 나누고자 합니다.

'기독교신앙과 경제'에 대한 책을 내도록 권유하신 서울영동교회 정현구 담임목사님과 서울영동교회 30주년기념 위원회의 김승 장로님, 그리고 정유근 장로님께 감사를 드립니다. 국민일보에 글을 보내기 전, 초고에 대해 때로는 날카로운 비평으로, 때로는 따뜻한 격려로 함께 해 준 김헌숙 집사(김병연 집사의 아내)와 원연희 집사(조성봉 집사의 아내)에게 고마움의 마음을 전합니다. 이들은 이 책의 숨어있는, 그러나 진정한 감수자라고 표기해야 정확할 것입니다.

초기에 국민일보의 '크리스천 경제소프트' 칼럼을 맡았으며 지금은 선교사로 주님의 나라를 확장하고 계신 함태경 기자님, 그 뒤를 이어 수고해 주신 배병우 차장님에게도 감사를 드립니다. 그리고 이 칼럼을 단행본으로 발간할 수 있도록 허락하신 국민일보사에도 고마움을 표시합니다. 이 책의 출판을 위해 큰 관심을 보이며 격려해 주셨고 출판을 위해 모든 노력을 아끼지 않으신 총회교육원의 나삼진 목사님과 생명의 양식사 관계자 여러분께도 감사의 마음을 전합니다.

2008년 5월   김병연 · 조성봉

크리스천 경제소프트

Contents

1부 그리스도인과 경제 · 김병연

기독교인의 나그네 정신 17
아브라함의 청지기 정신 20
진정한 경제총리 요셉 23
하나님과 가난한 자 26
성장과 복지 29
자유와 자율 존중해야 경제도 발전 32
신앙과 경제 따로인가 하나인가 35
하나님의 관점을 배우자 38

2부 성경과 경제 · 조성봉

신뢰를 귀히 여기시는 하나님 43
풍요하다고 교만하지 말아야 46
하나님은 재산권을 존중하시는 분 49
성경에 나타난 통계조사의 교훈 52
성경에 나타난 지혜와 지식 55
성경에 담긴 기업가 정신 58
애굽생활 400년 동안 이스라엘 60만 대군을 길러내신 하나님의 뜻 61

3부 깨끗한 돈 벌기 · 김병연

기독교인의 직업선택 67
기독교인과 노동 70
깨끗한 돈 벌기 73
기독교인이 부자가 되려면 76
경쟁을 어떻게 볼 것인가 79
부동산 투자냐 투기냐 82
기독교인의 윤리투자 85
기독교인과 FTA 88

4부 지혜로운 생활 · 조성봉

추수가 더욱 감사한 이유 93
준비와 탐욕의 차이 96
가장 중요한 자원 99
쉼은 생산을 위한 재충전의 기회 102
이 세상에 공짜는 없다 105
배 아파하기보다 배부름에 감사하자 108
자신이 가진 것을 아는 지혜 111
평생 공부하고 훈련하라 114

5부 경제와 하나님의 일반은총 · 조성봉

하나님의 은총 스며있는 시장원리　119
공정한 저울을 써라　122
성장은 시간을 두고 나타나는 것　125
경제성장은 하나님의 뜻　128
건강한 조직은 일을 나누어한다　131
정부 정책 성공은 국민들의 신뢰부터　134
큰 정부에 대한 하나님의 경계　137
최선의 복지는 좋은 이웃이 되는 것　140

6부 크리스천 오블리쥬 · 김병연

정직한 사람, 투명한 사회　145
신뢰받는 그리스도인　148
기업의 윤리관, 소비자 하기 나름　151
기독교인의 소비생활　154
북한을 어떻게 도울 것인가 .　157
기독교인과 특수이익집단　160
그러면 우리는 어떻게 살 것인가　163
한국사회의 시대정신 그리스도인이 제시해야　166

1부

그리스도인과 경제

기독교인의 나그네 정신

짧은 여행을 위해 많은 짐을 가져가는 것은 불필요한 일이다. 2박3일 동안의 여행을 위하여 침대를 옮겨가고 수백 벌의 옷을 챙겨 가는 사람은 거의 없을 것이다. 만일 그런 사람이 있다면 온전한 사람으로 보이지 않을 것이다. 그런데 오늘날 기독교인들이 이와 같이 행동한다면 어떻게 보아야 할까?

기독교인은 이 땅에서 나그네와 이방인 된 자들이다(히 11:13-15). 이들은 본향을 천국에 둔 나그네이며 이 땅에서 잠깐 동안의 삶이 끝나면 영원한 천국으로 돌아갈 자들이다. 따라서 나그네 정신을 가진 사람들은 삶의 목적을 이 땅에서의 만족에 두지 않는다. 오히려 영원의 관점에서 중요한 것이 무엇인지 생각하여 거기에 삶의 무게를 둔다. 기독교인이 이 세상에 선한 영향을 미칠 수 있는 힘은 천국의 관점, 영원의 시각에서 이 세상을 상대화할 수 있다는 데서 나온다.

나그네 정신을 가지게 되면 넉넉한 마음, 자족하는 마음이 생긴다(딤전 6:8). 불편함과 억울함, 힘든 일도 나그네이기 때문에 참고 견딜 수 있다. 손해를 보고 희생하여도 돌아갈 본향이 있기 때문에 기쁘게 여길 마음의 준비가 되어 있다. 그리고 나그네 정신은 이 땅에서 부를 축적함에 재미를 붙이고 낙을 삼아 살지 않고, 아무 것도 집으로 가져가지 못하는 나그네와 같이 재물이 있으면 나눠주며 사는 것을 의미한다. "선을 행하고 선한 사업을 많이 하고 나누어주기를 좋아하며 너그러운 자가 되게 하라"(딤전 6:18).

아브라함은 나그네로 살았다(창 23:4). 나그네는 매사에 조심하고 겸손히 행한다. 절대 군림하거나 세상에 힘을 과시하려 하지 않는다. 그래서 거저 주겠다는 에브론의 제안에도 불구하고 아브라함은 막벨라 굴을 시가를 쳐주고 구입했다. 혹시 거저 받았다가 공짜를 좋아한다는 비판을 듣게 되면 하나님의 이름을 욕되게 하는 것이 되고 전도의 문도 막히며 자신의 삶도 어려워질 수 있기 때문이다.

　최근 한 텔레비전 프로그램에서 목사의 세금 문제를 비롯한 교회 문제를 다루었다. 프로그램의 편파성 여부를 떠나 기독교인들은 이러한 비판을 나그네 정신을 회복하는 계기로 삼아야 한다. 더욱이 장로가 대통령이 된 지금 정부에서 국민들은 교회의 행태를 면밀히 주시할 것이다. 만약 한국 교회가 나그네 정신을 잊어버리고 교만해져서 사회와 이웃을 섬기기보다 오히려 수의 힘과 권력으로 군림하려 한다면 한국 교회는 회복하기 어려운 큰 상처를 받게 될 것이다. 그리고 이 땅의 기독교인들이 나그네의 마음을 가지고 나눔과 겸손의 모습으로 살기를 원하시는 하나님의 마음에도 상처를 주게 될 것이다.

Chapter 2

아브라함의 청지기 정신

기독교인의 경제생활의 요체는 청지기정신이다. 청지기는 주인을 잘 섬기는 것을 목표로 사는 사람이다. 보다 구체적으로, 주인의 집을 잘 관리하고 주인의 재산을 불리며 주인의 명예를 높이기 위하여 헌신한 사람이다. 그리고 청지기는 주인으로부터 칭찬받고 인정받는 것을 자신의 가장 큰 보람과 기쁨으로 알고 살아간다.

아브라함은 청지기정신으로 살아간 신앙의 선조이다. 특히 아브라함의 경제관을 살펴보면 청지기로서의 삶이 무엇을 의미하는지 보다 구체적으로 배울 수 있다. 창세기 14장에는 소돔 왕을 포함한 다섯 왕들의 연합군과 엘람 왕을 포함한 네 왕의 연합군 사이의 전쟁에 관한 이야기가 기록되어 있다. 이 전쟁에서 네 왕의 연합군이 승리해 소돔에 살고 있던 아브라함의 조카인 롯을 비롯하여 사람들과 모든 재물을 약탈해 갔다. 아브라함은 집에서 훈련시킨 가병을 이끌고 야간 습격을 감행해 사람들과 그 재물들을 되찾았다. 이에 소돔 왕은 크게 감사하며 아브라함에게 사람들은 돌려주되 모든 재물은 아브라함이 취하라고 제안한다.

아브라함은 이 제안을 받아들여도 법적, 도덕적으로 아무런 문제가 없었다. 그냥 두었으면 다 잃어버렸을 사람과 재물을 그것도 자신의 목숨을 걸고 구했으니 그에 상응한 대가를 받아들이는 것은 당연했다. 한 도시의 모든 재물이니 만큼 아브라함이 자신의 부와 권력을 크게 키울 수 있는 절호의 기회라고 간주할 수도 있었다. 그러나 아브라함은 이렇게 대답했다. "네 말이 내가 아브람으로 치부케하였다 할까 하여 네게 속한 것은 무론 한 실이나 신들메라도 내가 취하지 아니하리라"(창 14:23).

아브라함은 자신이 그 재물을 취하게 되면 하나님의 능력이 가리워지고 하나님의 이름이 높아지는 것을 방해할 수 있다고 생각했다. 사람들은 아브라함의 부가 하나님의 축복으로부터 말미암은 것으로 믿기보다 소돔의 재물을 취하여서 얻은 것으로 알게 될 것이며 그 결과 아브라함을 통하여 사람들이 하나님의 능력을 볼 수 있는 기회는 사라지게 될 것이다. 아브라함이 모은 재물에 하나님의 이름은 오간데 없고 소돔이라는 딱지만 붙어있게 될 것이다. 그리고 하나님을 믿는다는 아브라함도 알고 보면 돈 앞에 무력한 별 수 없는 인간이라는 평판이 퍼지게 될 것이다.

기독교인은 나의 결정과 행동으로 말미암아 하나님의 이름이 높임을 받겠는가 아니면 경홀히 여김을 받겠는가를 늘 판단하며 살아야 한다. 법적으로, 세상적으로는 문제가 없어도 하나님의 영광이 가리워질 수 있다면 그 행동은 하지 않아야 한다. 한국 기독교의 위기는 기독교인들의 삶의 위기, 그 삶에 청지기정신이 빠져 있기 때문에 비롯된 것이다.

Chapter 3

진정한 경제총리 요셉

과연 신앙과 현실을 잘 결합한 예가 있을까? 기독교인이 정치를 한다면, 혹은 기독교인들이 일반 사회를 대상으로 정책을 수립하고 결정해야 한다면 어떻게 해야 할까? 요셉의 경우는 이 질문에 대해 거의 완벽한 답을 우리에게 예시하고 있다.

기아를 대비하고 극복하기 위한 요셉의 경제정책의 요지는 이러했다. 7년의 풍년 동안 20%의 소출을 저장했다가 7년의 흉년 동안에 곡식을 먼저 돈으로 사게 하고 돈이 없어지자 짐승과, 그 후에는 전지와 바꾸게 한다. 즉 토지를 바로의 소유로 왕유화한 것이다. 그 다음 이를 백성에게 경작토록 하되 소출의 20%는 바로에게 상납하고 80%는 양식과 종자로 쓰게 한다.

어떤 사람들은 요셉의 이러한 정책을 보고 분개할지도 모른다. 먹을 것이 없는 불쌍한 사람들에게 돈과 짐승을 받고 곡식을 팔다가 나중에는 그것도 모자라 땅까지 받았다는 것이다. 그러나 만약 곡식을 거저 주었거나 싸게 팔았다면 어떤 사람들은 필요보다 더 많이 받아 쌓아 두거나 다른 사람들에게 더 높은 가격으로 팔았을 것이다. 그러면 오히려 기아에 허덕이는 사람들에게 곡식이 배분되지 않거나 경제적 혼란이 일어날 가능성이 컸을 것이다. 그뿐만이 아니다. 돈을 주고 사게 해 유통 화폐를 줄임으로써 인플레이션을 억제하였다. 결과적으로 요셉의 처방은 보다 공평하고 경제 회복에 도움이 되는 정책이었다.

요셉은 냉철하게 행동했다. 그러나 그것이 기아 극복에 가장 효과적인 정책이었다. 아마추어들은 이상을 지향하지만 이상을 구현하기 위한 내용이 없다. 더 위험한 것은 그런 얼치기 정치인과 정책 결정자들이 이상적인 정책을 바로 현실 사회에 적용하는 것이다. 이런 자들의 공통적인 특징은 타락 이후의 인간에 대한 성경의 가르침과는 반대로 인간을 낙관적으로 이해하는 것이다. 이들은 곡식을 거저주면서 필요한 만큼만 가져가라고 설교했을지 모른다. 실제로 소련 사회주의에서 그렇게 해본 결과 경제는 엉망진창이 된 경험이 있다.

그러나 요셉은 따뜻한 마음을 가진 신앙의 인물이었다. 통상적으로 세율이 소출의 50%를 훨씬 상회하던 그 시대에 왕의 땅을 경작하면서 소출의 20%만 세금을 바치도록 한 것은 획기적인 제도였다. 가난한 사람들의 생계도 고려하고, 또 그들이 열심히 일할 인센티브도 감안한 정확한 정책이 아닐 수 없다.

현재 한국 사회가 겪고 있는 위기는 사람의 위기이다. 하나님께서는 성경적 비전과 실력으로 한국 사회를 섬길 요셉과 같은 리더를 한국 교회가 양육하도록 요구하신다. 이러한 리더를 배출하는 것이 한국 교회가 한국 사회에 가장 크게 기여할 수 있는 길 중 하나일 것이다.

하나님과 가난한 자

성경에는 하나님께서 그 자신과 동일시하는 사람들이 있다. 하나는 그리스도인들이다. 사울이 다메섹 도상에서 예수님을 만났을 때 예수님께서는 왜 '나'를 핍박하느냐고 말씀하셨다. 이는 비교적 잘 알려진 말씀이다. 그러나 상대적으로 덜 알려진 사람들이 있다. 바로 '가난한 자들'이다. 가난한 자를 불쌍히 여기는 것은 바로 내게 돈을 빌려주는 것이라는 잠언 19장 17절의 말씀은 하나님께서 가난한 자를 자신과 동일시하고 계심을 보여준다. 내가 주릴 때 너희가 먹을 것을 주었고 목마를 때에 마시게 하였다는 마태복음 25장 35절 말씀도 예수님께서 자신을 가난한 자와 동일시하고 계심을 보여준다.

　가난한 자, 약자에 대한 관심과 배려는 성경의 핵심적 메시지다. 아마 복음 다음으로 중요하게 강조된 메시지일 것이다. 구약에서는 약자에 대한 무관심, 가난한 자를 압제하는 자들과 사회에 대한 심판의 말씀이 반복돼 있다. 신약에서도 행위의 문제, 특히 가난한 자들을 도우라는 메시지가 수없이 반복되고 있다.

　한국의 소득 불평등 정도는 그리 높지 않다고 주장되기도 한다. 그러나 이는 사실이 아니다. 2002년까지 한국의 소득 불평등도를 측정하는 통계자료는 도시근로자를 대상으로 한 조사였다. 따라서 가장이 실업상태에 있거나 자영업자, 농어촌 가계는 포함되지 않았다. 이런 문제점을 보정하여 조사한 자료와 다른 연구 결과를 종합해보면 한국은 경제협력개발기구(OECD) 회원국 30개국 중 불평등도가 비교적 높은 그룹에 속하는 것으로 평가되고 있다.

　하나님께서는 빈부격차가 큰 사회를 기뻐하지 않으신다. 그러나 더욱 중요한 문제는 생계유지가 어려운 가난한 자들이 우리 가운데 많다는 것이다. 생계가 어려워 스스로 목숨을 끊는 이웃의 이야기는 한국의 그리스도인들을 부끄럽게 만들기에 충분하다. 하나님의 형상을 담은 존귀한 존재인 인간으로서의 기본권리를 누리지 못하는 사람이 있다면 하나님께서는 기독교인과 교회, 그리고 그 사회에 책임을 물으실 것이다.

하나님께서 가난한 자를 돕는 것은 나를 섬기는 것이라고 말씀하시는데 우리는 무슨 근거로 그 책임을 회피할 수 있을까? 한국 교회에 불고 있는 선교 열풍처럼 나눔과 섬김의 운동도 불타오르도록 기도하고 소망해야 한다. 그리고 한국 사회도 그렇게 바뀌기를 노력하고 기도해야 한다. 기독인들은 이런 비전을 지도자의 중요한 자질로 간주하고 투표해야 할 것이다.

Chapter 5

성장과 복지

참여 정부의 경제정책에 있어서 가장 중요한 논란거리 중 하나는 '성장 대 복지'였다. 정부와 진보적인 학자들은 복지 우선적인 정책을 펴야 할 것을 주장한 반면 야당이나 다수의 경제학자들은 성장 중심의 정책을 시행해야 한다고 강조했다. 그렇다면 기독교인들은 이 문제를 어떻게 판단해야 할 것인가.

먼저 사실을 정확히 이해할 필요가 있다. 성장과 분배 간의 관계에 대한 최근까지의 연구를 종합해보면 분배 혹은 복지가 성장을 저해할 수도 있지만 오히려 촉진할 수도 있어 그 관계는 명확하지 않다. 과도한 복지 지출이나 분배 중심의 정책은 기업이나 개인의 노동하려는 의지를 감소시키는 것이 사실이다. 한편 소득불평등이 심해지고 사회안전망이 제대로 갖추어지지 않으면 범죄와 이혼이 증가하며 신뢰와 규범 같은 사회적 자본이 제대로 형성되지 않는다. 그리고 이 모든 것들은 성장에 나쁜 영향을 미친다.

성경에서는 이 문제를 어떻게 보고 있을까? 성경적 사고의 핵심은 인간에 대한 이해다. 타락 이후의 인간 본성은 자기 이익 추구다. 따라서 지나치게 높은 세금을 내야 한다면 기업이나 개인의 경제의지는 감소하게 될 것이다. 그러나 동시에 가진 자와 가난한 자의 대립이 심해지면 경제도 나빠진다. 그뿐만 아니라 성경에 따르면 인간은 하나님의 형상을 입은 존엄한 존재로서 인종, 능력, 빈부 등을 떠나 그 생존권이 존중되고 보호되어야 한다.

약자를 어떻게 도울지에 관해서는 지혜가 필요하다. 하나님께서는 일할 수 있는 사람들이 노동을 통해서 자신의 생계를 유지하기 원하신다. 즉 이들은 재교육, 취업정보 제공 등으로 적합한 일자리를 찾도록 도와주는 것이 필요하다. 정부가 이러한 사람들에게 제공하는 복지 지출은 한시적으로 또 점차 그 액수를 줄여나가는 것이 바람직하다. 이들에게 과도한 복지 혜택을 주면 복지비용의 급증으로 오히려 일자리를 줄일 뿐만 아니라 이들 스스로를 복지의존적으로 만든다.

만약 질병이나 장애, 고령 등의 이유로 일할 수 없어 가난한 사람들이 있다면 가족이나 교회, 국가가 이들의 생계를 책임져야 한다. 물론 도울 때에도 따뜻한 마음으로, 그러나 가장 효과적인 방법으로 접근해야 한다. 개인적으로 기부나 자선에 인색하면서 이들을 위한 지출이 늘었다고 정부를 비판하는 것은 그리스도인으로서 바른 태도가 아니다. 이처럼 노동할 수 없는 사람들의 부조에는 진보적으로, 일할 수 있는 사람들을 도울 때는 보수적으로 접근하는 것이 그리스도인들의 균형잡힌 경제관이 아닌가 한다.

자유와 자율 존중해야
경제도 발전

한국 사회는 독재를 해야 발전한다는 말을 하는 사람도 있다. 박정희 시대가 경제 발전에 가장 기여하지 않았느냐는 나름대로의 근거를 대기도 한다. 그러나 기억해야 할 것은 독재체제 하에서 경제 발전에 성공한 경우가 그리 많지 않다는 사실이다. 이런 면에서 유능했고 경제 발전에 헌신적이었던 박 전 대통령의 업적을 긍정적으로 평가할 수도 있다.

그러나 하나님께서는 인간을 자유의지를 가진 존재로 창조하셨다. 인간에게 있어서 자유가 얼마나 중요한지는 창조주이신 하나님께서 순종과 불순종을 선택할 자유마저도 인간에게 부여하였다는 사실에서 두드러진다. 하나님께서는 자유로운 인간과의 교제를 원하셨다. 비록 타락으로 인해 자유로운 인간이 지향하는 목표가 왜곡되었지만 하나님께서는 인간의 자유 자체를 박탈하지 않으셨다. 오히려 예수님을 통해 그 자유가 올바로 사용되도록 인도하셨다.

한 나라의 장기적인 경제 발전이 그 나라 국민들이 경험하는 정치적 자유, 시민적 자유의 정도와 비례한다는 사실은 경제학자들 사이에서 정설이다. 독재가 일시적으로는 경제 발전을 촉진시킬 수도 있지만 시간이 지나면 독재의 폐해가 그 이익보다 크게 된다. 사실 한국이 1980년 이후 경험한 혼란은 그 이전의 독재에 대한 후불 비용으로 간주할 수 있다.

한국은 규제가 많은 나라 중 하나다. 예를 들어 2008년의 세계은행 보고서에 따르면 한국은 창업에 필요한 절차가 10가지이며 창업에 17일이 걸리고 창업비용은 1인당 국민소득의 17%에 달한다. 반면 미국은 6개의 절차가 필요하고 6일이 걸리며 비용은 1인당 국민소득의 0.7%밖에 되지 않는다. 이런 면에서 새 정부가 규제 개혁을 정부의 중요 정책 목표로 삼은 것은 바람직한 일이다.

그러나 규제 개혁이 성공하려면 자율과 투명성이 증대돼야 한다. 규제를 푼다고 다 해결되는 것이 아니라 규제 없는 자리에 절제의 문화가 탐욕의 천박성을 대체하고, 투명한 절차와 제도를 통해 정치인과 관료의 자의적 개입을 배제시켜야 한다. 정부는 불필요한 규제를 풀어 국민들의 자유로운 경제활동을 보장해주는 동시에 우리 사회는 정직과 신뢰에 기초한 자율성을 키워나가야 한다. 자유와 자율이 함께 성장해야 경제가 발전하기 때문이다.

한국 교회는 실력과 도덕성을 겸비한 사회의 지도자를 배출할 책임이 있다. 국민의 자유로운 경제활동이 사회의 공익으로 이어지게 만들 수 있는 전문성과 그 자유를 뒷받침하는 자율에 있어 모범을 보일 수 있는 지도자가 필요하다. 최근 장관 선임 과정에서 "이 둘을 동시에 갖춘 사람이 이다지 없는가"라는 안타까움을 토로하는 분이 많았다. 그럴수록 교회는 미래 세대를 양육하고 준비해야 한다.

신앙과 경제 따로인가, 하나인가?

"도대체 아테네가 예루살렘과 무슨 상관이 있단 말인가?"

초대교회의 신학자 터툴리안이 남긴 유명한 말이다. 오늘날 그리스도인들은 이렇게 말할 것이다. "신앙과 경제가 도대체 무슨 관계가 있단 말인가?"

사실 많은 교회의 목사님 설교에서 경제문제는 거의 거론되지 않는 듯하다. 또 다수의 기독인들도 경제생활, 경제문제를 신앙과 연관지어 생각하지 않는다. '신앙 따로, 경제생활 따로'가 오늘날 한국 교회의 주류가 된 것 같다.

 예수님이라면 어떻게 하셨을까? 신앙생활을 기도, 전도, 교회, 봉사 등으로 한정해 이해하셨을까? 그렇지 않다. 복음서에 나타난 예수님의 말씀을 읽어보면 예수님은 경제에 대한 관심이 지대하셨다. 아니 경제문제를 신앙생활의 핵심 문제로 이해하고 계신 것 같다.

 예를 들면 예수님께서 간음에 관해 말씀하신 횟수는 세 번에 불과한 반면 제자들의 경제생활에 대해서는 여섯 차례 이상 말씀하셨다. 기독교인의 생활과 가치관에서 경제문제가 그만큼 중요하다는 증거이다.

 그러면 경제문제에 있어 기독인과 그렇지 않은 사람들 사이에 왜 차이를 발견하기 어려운가? 아마 우리 사회의 기독인들이 세상과 너무 동화되었기 때문이 아닌가 한다. 경제문제만큼 세상 가치관의 흡인력이 강한 곳은 없다. 그러나 경제문제에 있어서 세상에서는 성공적인 삶이라 부르는 것이 성경의 가르침에 비춰볼 때는 죄인의 길이 될 수 있다.

세상에서는 재물을 전력으로 추구하고 이를 자신의 안위로 삼는 것을 인정할 뿐 아니라 이를 적극적으로 장려한다. 그러나 성경에서는 재물을 섬기는 것을 우상숭배라고 부른다.

또 하나의 이유는 경제문제를 이해하기가 상대적으로 어렵기 때문일 수 있다. 경제 문제는 단순하지 않은 경우가 많다. 좋은 의도를 갖고 한 행동이나 정책이 반드시 좋은 결과를 내리라는 보장이 없다. '따뜻한 가슴과 냉철한 머리'로 접근해야 할 경제 문제를 '펄펄 끓는 머리'로 해결하려 한다면 문제를 망치고 만다. 그렇지 않기 위해 기독인들은 성경적 가르침을 경제에 적용해 현실을 이해하는 훈련을 받아야 한다.

한국의 기독교인들은 두 가지 함정에서 빠져 나와야 한다. 사탄은 끊임없이 지금 어떻게 사는 것과 네가 그리스도인이라는 것은 아무 관계가 없다고 속삭인다. 우리의 경제생활에 있어 이 '따로'의 함정에서 빠져 나와야 한다. 또 '무지'의 함정에서 벗어나야 한다. 복잡한 경제 문제에서 우리 기독인들은 세상을 보는 관점, 경제를 이해하는 실력을 배양할 필요가 있다. 그래야 순결하고 지혜롭게 하나님의 뜻을 이 땅에 이루어 갈 수 있을 것이다.

Chapter 8

하나님의 관점을 배우자

며칠 전 가족이 모여 송년예배를 드리면서 마태복음 25장의 달란트 비유를 함께 읽고 나누었다. 그런데 큰아이가 이 예화에 나오는 하나님의 모습이 다른 말씀에서 나오는 모습과 많이 다르다는 의견을 냈다. 한 달란트를 받은 종은 적게 받아 억울하기도 했을 법한데 나중에 하나님은 그 한 달란트마저 빼앗아 가장 많이 가진 자에게 주라고 말씀했다는 점을 지적했다. 그러면서 약자를 우대하라는 성경의 다른 가르침들과 달리 이 곳에서의 하나님은 경쟁과 집중을 원하는 자본가의 모습처럼 보인다는 것이다.

반면 마태복음 20장의 포도원 품꾼 비유에 나오는 하나님은 반대로 평등을 원하시는 것처럼 보이기도 한다. 포도원 품꾼 비유에서는 가장 늦게 와서 한 시간만 일한 일꾼에게도 하루 종일 일한 사람들에게 약속한 삯과 똑같은 임금을 주었던 것이다. 동일한 성경에서, 그것도 같은 마태복음에서 한 군데에서는 경쟁과 집중을, 다른 데에서는 '결과적인 평등'을 선호하시는 하나님의 모습이 함께 나타난다는 것이 큰아이의 주장이었다.

 하지만 성경은 산술적 평등을 가르치지도 않고, 힘과 부의 집중을 옹호하지도 않는다. 달란트 비유는 분배에 관한 말씀이 아니라 주인의 뜻과 관계없이 살았던 종에 대한 징계, 즉 청지기정신을 잃어버리고 사는 생활에 대한 경고의 말씀이다. 그리고 포도원 품꾼 비유는 마지막으로 온 일군에게 줄 삯을 결정하는 자는 고용주인 것처럼, 우리 삶의 결과도 하나님의 은혜와 주권 아래에 있다는 것을 가르치는 말씀이다.

 우리는 나의 관점과 가치관을 가지고 성경을 이해하려 할 때가 많다. 진보주의자는 품꾼 비유는 좋아하면서 달란트 비유는 싫어할지 모른다. 보수주의자는 달란트 비유는 최고의 비유라고 주장하지만 포도원 품꾼 비유에 대해서는 고개를 갸우

뚱거릴지 모른다. 진보와 보수, 한마디로 모든 것을 재단하고 사물과 사회를 판단한 결과, 그 혼돈과 비용이 얼마나 컸는지 우리는 지난 수년 동안 많이 경험했다. 이 혼돈을 줄이려면 하나님의 관점으로 사회를 보는 기독교인들이 많아져 한국 사회에 가치관의 진정한 변혁이 일어나야 한다. 이 변혁이 이루어져야 교육문제, 경제문제, 남북문제 등 중요한 문제들의 정확한 해결 방안을 찾을 수 있을 것이다.

그러나 많은 분들의 말씀에 따르면 한국 기독교인들의 성경을 배우고자 하는 열심이 근래에 많이 줄었다고 한다. 성경을 연구하지 않는데 어떻게 하나님의 관점을 배울 수 있을까? 우리 사회의 많은 문제들이 제대로 해결될 조짐을 보이지 않은 것은 하나님의 관점을 배우지 않은 채, 이념의 관점, 세상의 시각을 가지고 사는 기독교인이 너무 많기 때문이 아닌가?

2부

성경과 경제

Chapter 1
신뢰를 귀히 여기시는 하나님

현대사회에서는 계약서를 자주 쓴다. 거래 당사자들끼리 약속을 하고 이를 지키겠다는 것이다. 약속을 서로에게 확인시키고 꼭 이를 지키도록 하기 위해 계약사항을 위반할 때에는 벌칙을 감수하고 위약금을 물겠다는 것이 전제되어 있다. 정부의 중요한 기능 중 하나가 법치주의를 세우는 것인데, 이는 구성원의 재산권을 존중하고 계약사항이 충실히 이행될 수 있도록 하기 위함이다.

기업이 자신의 브랜드에 대해 엄청난 투자를 하고 또 광고비를 지출하는 이유도 자신의 제품을 신뢰해 달라는 무언의 표시이다. 만약 이 기업이 신뢰할 수 없는 불량제품을 만들게 된다면 그동안 쌓아온 엄청난 광고비는 모두 물거품이 될 것이며 오랫동안 유지해 온 브랜드 가치는 하루아침에 휴지 조각이 될 것이다. 광고비를 브랜드 가치에 대한 투자라고도 하는데 그 배경에는 성실하고 정직하게 상품을 생산하겠다는 무언의 약속이 담겨있는 것이다.

이처럼 현대는 신용을 전제로 하는 사회이다. 돈 없이 신용카드로 결제할 수 있는 것도, 은행과 금융제도가 발달한 것도 신용사회를 전제로 한 것이다. 서로 믿을 수 있고 신뢰할 수 있다는 것은 한 사회의 보이지 않는 자본이다. 프랜시스 후쿠야마 존스홉킨스대 교수는 《트러스트》(Trust)란 책에서 선진국은 그 사회에 높은 신뢰수준이 형성되어 있음을 강조하였다.

신뢰야말로 하나님이 가장 소중히 여기시는 것 중 하나이다. 많은 사람들이 아담과 하와를 시험에 빠뜨린 선악과를 하나님이 왜 에덴동산에 두셨을까 의아해한다. 그러나 이 선악과는 인간이 하나님의 권위에 도전하지 않고 하나님이 되려 하지 않겠다는 것을 상징하는 일종의 계약서라고 할 수 있다. 성경 66권의 내용 중에서 문자 그대로 하나님께서 직접 그 손으로 쓰신 부분이 있다. 바로 돌판에 직접 새기신 십계명이다. 이처럼 하나님은 피조물과 약속을 세우시고 이를 귀중히 여기시는 분이다.

그러나 무엇보다도 우리 가슴을 뜨겁게 하는 것은 하나님의 사랑의 약속이다. 하나님은 사랑의 약속을 지키기 위하여 이 땅에 육신으로 오셨고, 십자가의 고통을 감당하시면서 그 약속을 지키셨기 때문이다.

앞으로 우리 사회가 선진 사회가 되기 위해서는 자신의 몸을 희생하면서까지 인간에 대한 신뢰를 소중히 여기셨던 그리스도의 모습을 조금씩 닮아가도록 그리스도의 사랑과 낮아짐과 섬김을 실천할 수 있어야 할 것이다.

풍요하다고 교만하지 말아야

갑자기 부자가 되었을 때 오히려 불행해지는 경우가 많이 나타난다. 미국에서 거액 복권에 당첨된 500명을 대상으로 설문조사한 결과 80%가 복권이 당첨된 뒤 오히려 불행해졌다고 한다. 복권 당첨 후 도박 등으로 가산을 탕진하고 돈 문제로 이혼하고 사업을 시도하다 망한 경우도 많았다. 우리나라에서도 땅값이 갑자기 올랐을 때 남자들이 바람을 피우고 자식들이 돈 때문에 싸우는 경우가 적지 않다.

나라도 마찬가지다. 천연자원이 갑자기 발견되었을 때 경제에 오히려 주름살이 늘고 걱정이 많아지는 경우 '자원의 저주'

라는 말을 쓴다.

이와 유사한 현상을 '네덜란드병'(Dutch disease)이라고도 한다. 1950년대 네덜란드가 북해에서 엄청난 천연가스를 발견한 뒤 오히려 경제가 시들기 시작했다. 천연가스 수출이 급증하면서 네덜란드 화폐인 길더의 가치가 급등했다. 이 때문에 다른 공산품 수출은 더 어렵게 되어 네덜란드의 공업은 타격받게 되었다. 네덜란드 정부도 천연가스를 팔아 번 돈으로 복지 지출을 늘렸고 근로자들에 대한 사회보장 비용이 급증하면서 생산원가가 오르고 기업들의 부담은 커지게 되었다.

지금과 같은 고유가 시대에는 석유가 많이 나는 나라가 부럽기도 하다. 그러나 자원부국 중에 선진국은 거의 없다는 점이 흥미롭다. 1965년부터 1998년까지 33년 동안 전세계 1인당 소득은 연평균 2.2%씩 증가했는데 석유수출국기구(OPEC) 회원국들은 연평균 1.3%씩 감소했다는 연구보고가 있다. 자원부국은 풍부한 자원을 믿고 복지 지출을 남발하기 일쑤다. 그 결과 국민들의 근로의욕은 떨어지고 기업은 우수한 인재를 확보하기 어렵게 된다.

풍부한 자원은 경제성장뿐 아니라 민주주의의 도입을 더디게 하는 등 제도 발전을 가로막기도 한다. 자원이 풍부한 나라는 국민들에게 세금을 많이 거두지 않아 국민들이 국회 등을 통해 행정부와 공무원을 감시할 필요를 거의 못 느끼므로 의회 제도나 민주주의가 발달하지 않게 되기 때문이다.

물질적 풍요가 오히려 독이 되는 경우는 신앙생활에서도 마찬가지다.

하나님은 애굽을 탈출, 가나안 땅으로 향하는 이스라엘 백성을 향해 "네가 먹어서 배불리고 아름다운 집을 짓고 거하게 되며 또 네 우양이 번성하여 네 은금이 증식되며 네 소유가 다 풍부하게 될 때에 두렵건대 네 마음이 교만하여 네 하나님 여호와를 잊어버릴까 하노라"(신 8:12-14상)고 경고하셨다. 풍요로움은 우리가 진정 무엇을 의지해야 하는지를 망각하게 하는 것은 아닐까?

Chapter 3

하나님은 재산권을 존중하시는 분

코뿔소가 멸종 위기에 처해 있다. 그 이유는 약재로 인기가 높은 코뿔소의 뿔을 얻기 위해 사람들이 코뿔소를 남획하기 때문이란다. 경제학자들은 이같은 이유에 이의를 제기한다. 그런 식으로 따지면 소는 예전에 멸종됐어야 한다는 것이다. 쇠고기 수요는 코뿔소 뿔의 수요에 비교할 수 없을 정도로 크기 때문이다. 그러나 소는 멸종되지 않았다. 멸종되기는커녕 소의 마릿수는 유사 이래 계속 증가돼 왔다.

왜 그런가? 경제학자는 이를 재산권 유무로 설명한다. 즉, 코뿔소는 주인이 없고 소는 주인이 있기 때문이다. 주인이 없는 코뿔소는 누구나 마음대로 잡을 수 있기 때문에 멸종 위기에 처하게 됐으나 소는 옛날부터 주인이 있었다는 것이다. 그래서 소의 수요는 많지만 주인이 잘 키우고 번식시켜서 계속 그 수가 증가했다는 설명이다.

재산권은 시장경제에서 매우 중요한 의미를 갖는다. 주인은 자신이 소유하고 있는 자원의 가치가 높아지도록 잘 관리한다. 우리는 자신의 승용차와 렌터카 중 어떤 것을 더 잘 관리하는가? 당연히 자신의 승용차이다. 내것이기 때문이다. 왜 공공부문에 비효율성이 나타나는가? 주인의식이 없기 때문이다. 사회주의가 한 세대의 실험을 끝으로 사실상 소멸된 이유도 바로 재산권을 존중하지 않았기 때문이다.

정부의 가장 중요한 역할 중의 하나가 국민의 재산권을 지켜주는 일이다. 남미의 어떤 국가에서는 토지와 같은 부동산에 대한 등기제도가 제대로 정착되지 않아서 경제 발전에 큰 걸림돌이 되고 있다고 한다. 토지를 담보로 은행에서 돈을 빌릴 수 없기 때문이다. 그러나 우리나라처럼 국가가 개인의 부동산을 법적으로 보호해주는 등기제도가 발달돼 있으면 이를 근거로 은행에서 돈을 빌려 투자도 하고 차도 살 수 있으므로 경제가 돌아가기 마련이다.

하나님도 개인의 재산권을 존중하라고 가르치신다. 도둑질하지 말고(제8계명) 네 이웃의 소유를 탐내지 말라(제10계명)고 하신 것이다. 이처럼 십계명 중 두 계명이 바로 재산권 보호에 대한 것이다. 가나안 땅에 들어가기 직전 모세는 이스라엘 백성들에게 "그 이웃의 지계표를 옮기는 자는 저주를 받을 것"(신 27:17)을 외치도록 했다. 이는 바로 토지에 대한 개인의 재산권을 존중하라는 의미로 해석할 수 있다.

궁극적으로 크리스천들의 재산권은 하나님에게 있다. 하나님은 우리를 당신의 자원 관리자로 삼으셨을 뿐이다. 따라서 재산권을 존중하되 재산을 하나님과 이웃을 위해 선하게 사용할 수 있는 지혜를 구해야 할 것이다.

성경에 나타난 통계조사의 교훈

현대 국가의 중요한 특징 중 하나는 통계의 발달이라고 할 수 있다. 인구 조사나 실업률 조사 같은 가장 기본적인 통계뿐 아니라 국민소득, 투자, 소비 같은 경제통계와 이혼율, 주택보유율, 진학률 등과 같은 사회통계는 정부가 효율적인 행정을 수행하며 정책을 입안하고 집행하는 데 필수불가결한 정보를 제공한다. 뿐만 아니라 이같이 다양한 통계수치들을 이용해 기업은 마케팅과 시장조사를 수행함으로써 합리적인 생산과 투자를 할 수 있게 된다.

국민소득 같은 기본적인 경제통계 수치도 20세기 중반 들어서야 제대로 파악할 수 있었지만 그 이전에는 인구 센서스가 가장 중요한 통계조사였다. 인구 센서스를 통해 인구수 뿐만 아니라 남녀노소, 평균 연령, 가구수, 지역별 인구 분포와 밀도 등 같은 구체적인 인구 정보를 얻게 된다. 농업생산성이 크지 않았던 옛날에는 인구 조사를 통해 가용 노동력과 잠재적 군사력을 가늠할 수 있었기에 인구 조사는 국력을 측정하는 가장 중요한 수단이었다.

구약에도 모세와 다윗이 인구 조사를 수행했다. 민수기에서 하나님은 이스라엘 백성 중에서 싸움에 나갈 만한 자를 세어보라고 명하셨고(민 1:3) 모세는 레위족속을 제외하고 총 60만 3,550명의 동원 가능한 남자가 있음을 파악한다. 동일한 인구 조사를 다윗도 시행해서(삼하 24장) 군대에 동원할 수 있는 남자가 총 130만명이라는 것을 조사했다.

그런데 이처럼 동일해 보이는 인구 조사에 대한 하나님의 평가는 전혀 달랐다. 민수기에서 행한 인구 조사에 근거해 이스라엘 백성은 광야에서 질서정연하게 행진하고 제사를 드리며 궁극적으로는 가나안땅에 들어가 이방족속을 몰아내게 되는 축복의 단서가 된다. 반면 다윗이 행한 인구 조사는 하나님을 노하시게 해 7만명의 백성이 전염병으로 목숨을 잃게 된다.

왜 이처럼 겉보기엔 동일한 인구조사에 대해 하나님은 상이한 태도를 보이셨을까? 민수기에서의 인구 조사는 하나님의 명령으로 시행한 것이었지만 다윗의 인구 조사는 국력을 뽐내고 군사력을 확장하려는 교만한 의도가 있었기 때문이다.

오늘날에도 정부가 어떤 의도로 통계조사를 하느냐가 중요하다. 있는 그대로의 정보를 얻고 국민들의 삶을 개선시키겠다는 과학적인 마음으로 조사해야 한다. 반면 히틀러와 공산주의 독재자들이 그러했듯 국민을 호도하고 국가의 힘을 가식적으로 드러내기 위한 수단으로 해서는 안될 것이다. 하나님은 마음의 중심을 보시는 분이다.

성경에 나타난 지혜와 지식

후진국과 개발도상국 국민들은 일년 내내 거의 매일 그리고 종일 일해도 국민소득이 적다. 반면에 선진국 국민들은 주5일 근무에 몇달씩 휴가를 쓰고도 국민소득이 많다. 생산설비와 노동력이 고급이기도 하지만 더 중요한 이유는 기술과 노하우 같은 지식 수준이 다르기 때문이다. 지식은 노력에 따른 생산성과 능률을 상상할 수 없을 만큼 증가시킬 수 있는 요소다. 미래학자 앨빈 토플러는 21세기의 부를 좌우하는 결정적인 세 가지 요소로서 시간, 공간, 그리고 지식을 들고 있다.

한편 지혜는 이러한 지식을 지휘하고 운용하며 종합적으로 판단하는 사령탑 역할을 한다. 지식이 많아도 제대로 정리돼 있지 않다면 별 소용이 없다. 또한 지식을 바르게 운용하기 위해서는 때를 구분하며 정보를 정확하게 파악하고 전달하는 한편 주변 환경과 상황을 올바로 인식하고 활용하는 것이 필요한데 이 모든 것을 관장하는 것이 바로 지혜다.

성경에도 지혜와 지식의 중요성이 잘 나타나고 있다. 솔로몬 왕이 다윗을 이어 이스라엘 왕이 되었을 때 그는 하나님께 일천 희생번제를 드렸고 하나님께서는 솔로몬에게 무엇을 원하는지 물으셨다. 이에 솔로몬은 "주는 이제 내게 지혜와 지식을 주사 이 백성 앞에서 출입하게 하옵소서. 이렇게 많은 주의 백성을 누가 능히 재판하리이까?"(대하 1:10)라고 지혜와 지식을 구하였다. 하나님께서는 솔로몬이 재물이나 존영, 원수의 생명이나 장수를 구하지 않고 지혜와 지식을 구한 것을 기뻐하시면서 지혜와 지식에 더하여 부와 재물과 존영도 주셨다.

솔로몬은 하나님으로부터 얻은 지혜와 지식으로 성전과 궁궐을 건축하였고 백성들을 지혜롭게 다스려 이스라엘 왕국의 전성기를 구가하게 된다. 우리나라처럼 부존자원이 많지 않지만 우수한 인력이 풍부한 나라에서 지혜와 지식이 갖는 의미는 특별하다고 할 수 있다. 우리나라는 전쟁의 참화와 가난과 굶주림 속에서 불과 50여년 만에 일약 세계 12대 경제대국으로 뛰어올랐다. 세계 최정상의 투자은행인 골드만삭스는 우리나라가 2050년에 세계 2위의 1인당 국민소득을 갖게 될 것이라고 전망하고 있다.

우리나라의 눈부신 경제발전의 이면에는 하나님께서 허락하셔서 우리 국민이 갖게 된 지혜와 지식이 자리잡고 있다. 그러나 앞으로가 더 중요하다. 무엇보다도 중요한 지혜는 하나님으로부터 오기 때문이다. "여호와를 경외하는 것이 지혜의 근본이요, 거룩하신 자를 아는 것이 명철이니라"(잠 9:10). 우리나라가 선진국으로 뛰어오르기 위해서 잊어서는 안 될 말씀이다.

Chapter 6

성경에 담긴 기업가 정신

기업가는 단순히 돈 버는 사람이 아니다. 투기꾼과 사채업자도 돈을 벌지만 이들과 달리 기업가는 부가가치를 창출하기 위해 애쓰고 노력하는 사람이다. 특히 성공적인 기업가는 혁신적 자세를 가진다. 무모한 위험은 피할 줄 알지만 중요한 기회는 잘 이용해 변화에 대응하는 능력을 갖추고 있다. 이를 경제학자들은 기업가 정신(entrepreneurship)이라고 한다. 즉, 기업가 정신은 자원의 제약과 주변 환경의 위험을 무릅쓰고 모험 정신을 발휘해 부가가치를 만들어내는 기업가의 의지라고 정의할 수 있다. 경제학자 슘페터는 새로운 생산방법과 상품을 개발하는 기술 혁신을 통해 기업가는 창조적

파괴(creative destruction)에 앞장 선다고 보았다.

현대 자본주의는 이런 기업가 정신으로 무장된 창조적 기업가의 시대를 활짝 열었다. 철강왕 카네기, 스탠더드오일을 키운 석유 기업가 록펠러, 자동차의 시대를 연 포드, 컴퓨터 소프트웨어를 상품화한 빌 게이츠 등은 미국 기업가의 전형이다. 우리나라에도 이병철, 정주영, 박태준 등 기라성 같은 기업가들이 개척자 정신을 갖고 불굴의 의지로써 국가 산업화와 경제 발전을 이끌었다.

이런 기업가 정신은 성경 내용과도 일치하는 바가 많다. 평소에 성경을 읽으면서 느낀 점 중의 하나는 하나님은 결코 안일함과 편안함을 우리에게 권하지 않는다는 것이다. 오히려 그 반대이다. 끊임없이 어려운 상황을 헤쳐나가고 황무지를 개척하며 적들이 있는 곳으로 앞장서 나아가도록 우리를 인도하신다. 마치 쉬운 길을 피하고 어렵고 힘든 길을 일부러 찾아가도록 시키시는 것 같다는 생각이 들 정도다.

아브라함은 롯에게 선택권을 양보해 얻은, 물이 없는 거친 땅을 근거로 일어섰고 이삭은 어렵게 판 우물을 몇 번씩이나 블레셋 사람들에게 양보하면서 결국에는 엄청난 거부가 되었다. 갈렙은 가나안 땅 중에서 가장 큰 적인 아낙자손이 버티고 있는 헤브론의 산지를 달라고 자원해 결국 그 땅을 차지했다.

예수님의 달란트 비유(마 25:14-30)에서도 기업가 정신과 유사한 교훈을 얻을 수 있다. 이 비유에서 다섯 달란트를 받아 다섯 달란트를 남기고 두 달란트를 받아 두 달란트를 남긴 창의적인 종들에게 주인은 착하고 충성된 종이라고 칭찬한 반면 한 달란트를 받아 땅에 묻어두었다가 돌려준 안일한 종은 악하고 게으르다며 내쫓았다. 어부와 세리 등 배우지 못한 하층민으로 이루어진 예수님의 제자들과 사도 바울이 시작한 복음 전파 사역은 요한을 제외한 모든 사람이 순교를 당할 정도의 모험 사업이었으나 결과적으로 가장 성공적인 사업이 됐다. 기업가 정신의 귀감이라고 할 수 있다.

애굽생활 400년 동안
이스라엘 60만 대군 길러내신
하나님의 뜻

무슨 일을 하다 보면 어느 정도 최소한의 적정규모가 필요한 경우가 많다. 길거리에서 농구를 하더라도 최소한 서너명은 있어야 하고 족구시합도 최소한 네명은 있어야 하듯이 말이다.

물건을 만들어 파는 것도 마찬가지다. 생산량이 어느 정도는 돼야 원가를 맞출 수 있고 소비자들이 살 수 있을 정도로 가격을 낮출 수 있다.

우리나라가 경제발전을 성공적으로 이룩할 수 있었던 이유

중 하나도 수입보다는 수출에 주목했기 때문이라고 많은 사람이 강조하고 있다. 수입할 것은 수입하고 대신 해외시장에 팔 수 있는 품목은 수출했다는 것이다. 경제개발 초기에는 국내시장의 규모가 그다지 크지 않았다. 당연히 물건을 제대로 만들 수 있을 만큼 최소한의 시장 규모가 형성되지 않은 경우가 많았다. 그 결과 국내시장에만 주목한 상품은 원가가 너무 비싸서 잘 팔리지도 않았고, 채산성도 맞지 않았다.

그러나 해외시장에 주목한 수출상품은 사정이 달랐다. 생산량이 많아 원가를 낮출 수 있었다. 원가가 싸니 가격도 내릴 수 있었고 그 결과 물건이 더 잘 팔리는 선순환이 이루어지게 되었다.

이는 전문화와 분업화에도 적용되는 개념이다. 애덤 스미스는 《국부론》이란 책에서 분업의 정도는 시장의 규모에 달려 있다고 했다. 즉 시장의 규모가 커질 때 분업이 발달된다는 것이다. 작은 농촌마을에서는 농부가 옷도 손수 수선하고, 고장난 농기구도 스스로 손질해야 한다. 그러나 마을이 좀더 커져서 도시가 되면 사람들이 많아져서 최소한의 시장이 형성된다. 옷 수선점이 생기게 되고 대장간이 등장하게 되는 것이다.

시장 규모가 커지게 되면 출장 뷔페, 가정집 청소대행업체 등과 같이 생각지도 못했던 직업과 전문직종이 생겨나는 것은 바로 이와 같은 이유에서이다.

하나님께서 이스라엘 백성을 애굽 땅에서 400년 넘게 지내도록 하셨던 뜻도 이런 식으로 생각해볼 수 있다. 이 400년이란 세월은 성경에 쓰인 대로 가나안 땅 이방족속들의 죄가 관영(貫盈)할 때까지 기다리신 기간이었지만 동시에 이스라엘 백성의 수가 가나안 정복전쟁을 수행하기 위해 필요한 수만큼 늘어나기 위해 소요된 기간이라고도 볼 수 있다.

이스라엘 백성이 가나안 땅의 이방족속들과 싸우고 여러 성읍을 차례로 함락시킬 수 있었던 가장 큰 무기는 하나님에 대한 굳은 믿음이었다.

그러나 이와 함께 이스라엘이 60만이라는 대군을 동원할 수 있는 큰 민족이 되었다는 점도 중요하다. 최소한의 적정규모를 이루기 위해 하나님께서는 시간을 두고 기다리셨던 것이다.

3부

깨끗한 돈 벌기

기독교인의 직업선택

아마 우리 인생에서 가장 중요한 결정 중 하나는 직업선택에 대한 결정이 아닌가 한다. 우리가 일생동안 직장에서 보내는 시간과 그 중요성을 생각하면 직업선택을 앞두고 심각하게 고민하는 것은 당연하다. 간혹 학생이나 부모와 상담하는 경우, 나의 대답은 먼저 학생 스스로가 무엇을 하고 싶은지 생각하거나 부모라면 자녀에게 물어보라고 한다. 자신이 싫어하는 일을 수년, 혹은 수십년 동안 해야 한다고 생각해 보라. 개인적인 차원에서나 사회의 차원에서도 그 같은 낭비는 없을 것이다.

특별히 기독교인들의 직업선택을 위하여 권하고 싶은 기준이 있다. 만약 다른 사람에게 미치는 유익은 적지만 평생 동안 안정된 삶을 살 수 있는 위험회피형 직업과 다른 사람에게 미치는 유익은 큰 반면 위험이 따를 수 있는 직업이 있다면 후자를 택하라는 것이다. 왜냐하면 타인에게 많은 유익을 줄 뿐 아니라 개인적인 차원에서는 그 위험과 불확실성을 통해, 안정된 직장 혹은 직업을 가지고 있는 사람들이 누릴 수 없는 '신앙의 비밀'을 체험할 수 있기 때문이다. 만약 기독교인 부모가 자녀들에게 안정된 직업을 가질 것을 요구한다면 그 직업 때문에 자신의 자녀들이 신앙에서 멀어질 수도 있음을 기억해야 한다.

위험이 많은 사회일수록 하나님을 믿는 사람들의 비중이 높은 것은 우연이 아니다. 비슷한 소득을 가진 미국과 서유럽을 보면 그 차이가 확연해 진다. 미국은 서유럽에 비해 직장에서 해고되거나 사업에 실패하는 사람도 더 많은 반면 사회보장제도는 상대적으로 덜 발달되어 있다. 그러나 다시 직장을 찾거나 창업할 수 있는 가능성은 더 높다. 즉 미국은 높은 위험과 높은 수익의 사회라면 서유럽은 낮은 위험과 낮은 수익의 사회라고 볼 수 있다. 통계를 보면 미국은 주일에 교회에 출석하는 사람들의 비중이 전체 인구의 40%에 달하는 반면 서유럽의 많은 국가들에서는 5%를 채 넘지 못한다.

성경에 나오는 신앙의 인물들은 전형적으로 위험감수형(risk-taker)이었다. 필요할 경우, 자신의 고향을 떠나기도 하고 황후직과 목숨을 걸기도 하고 왕자의 신분을 버리고 하나님의 백성과 함께 고난 받는 것을 택한 사람들이었다. 하나님과 사람들을 위하여 위험을 감수할 정도로 신앙이 좋았기도 했지만 위험을 감수했기 때문에 신앙이 좋아진 것도 사실이다. 아마 위험을 감수하지 않았다면 신앙의 깊은 차원에 이를 수 없었을 것이다. 그리고 큰 영향을 많은 사람에게 미치지도 못했을 것이다.

요즘의 한국 사회는 지나치게 위험회피적이다. 기독교인 학생이나 그 부모도 직업선택에 있어 안정성을 가장 우선하는 분위기인 것 같다. 의대를 가려하고 고시를 준비하는 학생들은 넘쳐나는 반면 기업가가 되려하고 과학자가 되려는 사람은 소수에 머물고 있다. 위험회피형 사회가 되면 경제도 나빠지고 교회도 위축되고 신앙의 수준도 낮아진다. 위험 회피 위주의 직업선택이 개인의 신앙 뿐 아니라 교회와 나라 전체에 영향을 주는 것이다.

Chapter 2

기독교인과 노동

하나님은 인간을 노동하는 존재로 창조하셨다. 이는 예배하는 인간, 사회적 인간과 더불어 인간의 가장 중요한 본질 중 하나이다. 창세기 2장에 보면 하나님께서 아담에게 맡기신 일은 에덴동산을 다스리며 지키는 것(15절)과 동물들의 이름을 짓는 것(19-20절)이었다. 이렇게 하나님께서는 육체노동과 정신노동을 하면서 살아가도록 사람들을 만드셨다. 타락 이후에 노동의 고통이 생겼음에도 불구하고 사람들은 여전히 노동을 통해서 삶의 중요한 의미를 찾도록 창조되었다.

인간이 노동하는 존재라는 사실은 노동을 하지 못할 때의 고

통은 심각할 것을 암시한다. 연구 결과에 따르면 사람들이 느끼는 행복감에 가장 해로운 영향을 주는 요인 중 하나가 실업이다. 그 예로 실업은 사랑하는 이의 죽음과 이혼에 이어 행복감을 앗아가는 세번째 항목이다. 영국에서의 한 연구에 따르면 실업으로 상실되는 행복감의 가치가 연 2억원 정도라고 추정했다. 즉 단순히 소득을 잃어버리는 것 이상의 엄청난 충격을 당사자에게 주는 것이다.

기독교인들이 한국의 경제 문제에 있어 가장 안타까워해야 할 것은 일자리가 없는 사람이 많다는 것이다. 선진국들과 비교해 한국의 실업률 자체는 그리 높은 것이 아니다. 그러나 외환위기 이전인 1990년대와 비교하면 실업률은 2배로 증가했다.

기독교인들과 교회는 우리 경제에서 일자리가 늘어나는 데 간접적으로 기여할 수 있다.

첫째, 기업가들을 존중하는 분위기를 만드는 것이다. 통계자료를 보면 개신교를 믿을수록 직업 비중 중에서 기업가의 비율이 높다고 한다. 그것은 개신교가 그만큼 노동의 가치를 중시하고 의미있는 모험을 장려하기 때문일 것이다. 그리고 그렇게 되어야 사회에 일자리가 늘어날 것이다.

둘째, 기업이 고용하고 싶은 사람들을 교회에서 양육하는 것이다. 기업가나 채용담당자의 이야기를 들어보면 요즘 직장을 구하는 청년들에게는 어려운 일을 기피하고 노동에 대한 헌신도가 약해지는 경향이 보인다고 한다. 교회는 교회 교육을 통하여 헌신적이면서 창의적이고 그리고 건전한 청년들을 양육해서 기업의 이러한 수요를 채울 수 있을 것이다.

셋째, 실업에 빠진 사람들을 도와서 얼마 있지 않아 직장을 찾을 수 있도록 힘을 보태는 것이다. 실직을 당하게 되면 무엇보다도 경제적인 곤경이 문제다. 내가 방문했던 미국의 어떤 교회에서는 예기치 않게 실직을 당한 성도들을 위해 펀드를 만들어 운용하고 있었다. 실직자들을 위로하고 함께 정보를 나누며 기도하는 것도 생각해 볼 수 있다. 이와 같이 기독교인들과 교회는 하나님께서 주신 노동의 권리와 축복을 함께 나누도록 노력해야 할 것이다.

… Chapter 3

깨끗한 돈 벌기

'개처럼 벌어서 정승처럼 쓴다'는 말이 있다. 이는 어떻게 벌더라도 제대로 잘 쓰기만 하면 된다는 말로 받아들여지기도 한다. 돈을 선하게 쓰겠다는 결심만 있다면 기독교인들도 수단과 방법을 가리지 않고 돈을 벌어도 된다는 것일까? 성경에도 "불의의 재물로 친구를 사귀라"(눅 16:9)는 말씀이 있으니 재물을 어떻게 모았든 잘 쓰기만 하면 관계없다는 말씀이 아닌가? 많은 기독교인들이 한번쯤은 이런 질문을 던져보았을 것이다.

반면 어떤 기독교인들은 근로의 대가로 번 돈이 아닌 돈, 즉 불로소득은 의롭지 못한 돈이라고 생각한다. 만약 해당 기간 내에 노동하여 벌지 않은 돈을 불로소득이라 정의한다면 예전에 벌어둔 돈을 은행에 저축하여 얻게 되는 이자도 불로소득으로 간주될 수 있다.

그러나 성경에서도 가난한 사람들에게 받는 이자를 제외하고는 이자 자체를 비난하지 않는다(마 25:27). 그리고 근로의 대가로 얻은 소득이라 하더라도 그 대가의 정도가 지나치게 과하다면 불로소득이라고 생각하는 사람들도 있을 것이다. 그런데 어느 정도가 과한지 정하는 것은 대단히 어렵고 지극히 주관적이다.

깨끗한 돈은 먼저 정당한 방법으로 번 소득이다. 성경의 여러 곳에서도 돈 버는 방법의 정당성에 대하여 말씀하고 있다. "속이는 저울은 여호와께서 미워하시나 공평한 추는 그가 기뻐하시느니라"(잠 11:1). 기업을 하는 사람들의 예를 들어보자. 그 기업이 만든 제품에 대하여 소비자에게 필요한 정보를 정확히 제공하고 다른 기업과의 공정한 경쟁을 통하여 번 이윤이라면 그 액수와 관계없이 정당한 것이다. 그러나 소비자에게 필요한 중요한 정보를 왜곡하거나 감추어서 번 소득, 경쟁

없이 독점이나 담합을 통하여 번 이윤은 깨끗한 돈이 아니다. 그리고 중요한 정보를 빼돌려서 그것으로 돈을 버는 행위도 정당하지 못하다.

깨끗한 돈의 두번째 조건은 다른 사람들에게 유용한 이익을 줌으로써 얻게 되는 소득이다. 즉 돈을 버는 과정에서 유용성 혹은 가치를 창출해야 한다는 것이다. 예를 들어 도박은 아무리 경쟁을 통하여 돈을 벌더라도 도박의 과정에서 타인에게 유용한 가치가 창출되지 않기 때문에 깨끗한 돈이 아니다. 최근 한국의 부동산 투기도 그 효과 면에서 제로섬 게임에 가까워 이로 얻은 소득을 온전히 깨끗한 돈이라고 보기는 어렵다.

깨끗한 돈이라면 많이 버는 것이 좋다. 그러나 깨끗하지 못한 돈을 애써 벌려고 하는 것은 탐욕이다. 불의한 재물을 이미 가지고 있다면 그것을 잘 쓰는 것이 지혜로울 것이다. 그러나 온전한 순종은 무엇보다 깨끗한 돈을 벌어 정승처럼 잘 쓰는 것이다.

기독교인이 부자가 되려면

흔히 부자라고 하면 돈이나 부동산 그리고 주식 등을 많이 소유한 사람으로 생각한다. 그러나 부에는 이러한 유형자산뿐만 아니라 재능, 경험, 좋은 성품 등 무형자산도 포함된다. 예를 들면 영국인 축구 선수 베컴이 그의 전 재산 1,600여억원을 몽땅 잃어버린다 해도 축구공 하나만 있으면 풍족히 사는 데는 전혀 문제가 없을 것이다. 경제학에서는 이런 능력을 인적 자본이라 부르며 개인의 부의 구성 요소로 포함시키기도 한다.

무형자산까지 포함해 부를 정의한다면 기독교인이야말로 부자가 될 수 있는 자들이다. 하나님은 먼저 그의 나라와 그의 의를 구하는 자에게 먹을 것과 입을 것을 더하신다(마 6:33). 그리고 여호와를 기억하는 자에게 재물을 얻을 능력도 주신다(신 8:18). 더 나아가 온 우주의 주재이신 하나님이 우리의 아버지이시다. 따라서 유형자산을 별로 갖지 못한 기독교인들도 하나님 자신과 그분이 공급하시는 무형자산의 가치 덕분에 무한대의 자산을 소유할 수 있는 부자들이다. 욥이 그 가진 재산을 다 잃었을 때 일견 가난한 자가 된 것 같지만 하나님의 주권을 인정한 그 무형자산 덕분에 사실은 큰 부자였던 셈이다. 그리고 나중에 그 무형자산 덕택에 보이는 재산도 다시 크게 늘어 거부가 된다.

유형자산의 가치가 주식이나 부동산 가격에 따라 변한다면 하나님이 공급하시는 무형자산의 가치는 순종에 따라 변한다. 시편 119편에서 자신의 소유는 주의 법도를 지킨 것이라고 다윗은 고백하고 있다. 즉 기독교인으로서 부자가 되는 길은 하나님 말씀에 순종하는 것이며 주께 순종한 만큼 우리의 자산은 증가한다는 말씀이다.

성경은 순종이 부의 증가로 이어지는 구체적인 통로가 된다고 언급하고 있다. 잠언 1장 7절은 여호와를 경외하는 것이 지식의 근본이라고 말씀하며 시편 119편 100절에서는 주의 법도를 지키기 때문에 자신의 명철함이 노인보다 낫다며 하나님께 감사하고 있다. 그리고 에베소서에서의 바울의 권면처럼 하나님께 순종하게 되면 사람과 사람 사이의 관계도 좋아지게 된다. 즉 하나님의 직접적인 축복 외에 순종의 대가로 얻게 된 지혜와 지식, 그리고 좋은 관계 등 무형자산을 통해서도 부유해질 수 있다.

이와 같이 엄청난 무형자산을 가진 기독교인들이 계속 가난에 머물러 있기 어렵듯이 기독교인들이 많은 국가가 오랫동안 빈곤에 허덕이는 경우는 거의 없다. 선진국의 특징은 무형자산이 발달해 있다는 것이며 그 무형자산의 발달에 기독교가 크게 기여했다는 사실은 많은 연구에서도 발견되고 있다. 예를 들어 경제 성장에 영향을 미친 요인들 중 종교적 요인을 분석한 연구들에 따르면 기독교인 수가 증가할수록 인적 자본의 축적은 많아지고 경제 성장은 촉진된다는 것이다. 하나님께 순종하면 자신도 잘 살게 되지만 나라도 부강하게 된다는 것은 성경적 진리이고 경제학에서 확인된 사실이다.

경쟁을 어떻게 볼 것인가

흔히들 자본주의는 약육강식의 정글, 잔인한 경쟁의 법칙이 지배하는 곳으로 생각하고 있다. 기독인들은 경쟁 대신에 사랑을 택하라는 말을 듣기도 한다. 그런데 세계는 경쟁이 지배하고 거기에서 승리하지 않으면 대학 입학, 취업, 승진 그리고 성공도 불가능한 것처럼 보인다. 딜레마가 아닐 수 없다.

모든 사람이 자신이 원하는 것을 누릴 수 있다면 경쟁은 필요없을지 모른다. 그러나 타락 이후 세상은 자원의 유한성이라는 한계를 갖게 됐다. 자본주의에서는 시장경쟁을 통해 자원을 배분한다. 자원은 유한한데 시장경쟁이 없다면 어떻게 될 것인가? 다른 규칙이 한정된 자원을 배분할 것이다. 폭력, 정치적 권력, 혹은 정부의 중앙계획 등이 이 역할을 대신하게 될 것이다.

하지만 자본주의의 시장경쟁에 비하면 이들은 훨씬 더 불공평한 것이다. 더욱이 이것들은 열심히 일하려는 인간의 의지를 자극하지 못하기 때문에 오히려 경제를 더 망치게 된다. 실제로 세계 평균으로 볼 때 인류는 18세기까지 생계 수준 정도의 생활에서 벗어나지 못했다. 사유재산권, 시장경쟁, 자기 이익 추구를 기반으로 하는 자본주의의 도입과 확산 이후 인류는 비로소 풍요란 것을 맛볼 수 있게 된 것이다.

선한 목적의 경쟁, 혹은 경쟁의 결과 파이가 충분히 커질 수 있다면 그것은 좋은 경쟁이다. 성경에서도 "운동장에서 달음질하는 자들이 다 달아날지라도 오직 상 얻는 자는 하나인 줄을 너희가 알지 못하느냐 너희도 얻도록 이와 같이 달음질하라"(고전 9:24)고 말씀한다. 경쟁해 공부한 결과는 자신뿐만 아니라 상대방에게 도움이 된다. 기업들이 시장에서 공정하게 경쟁하면 가격이 싸지고 서비스가 개선된다.

나쁜 경쟁도 있다. 경쟁해도 파이가 커지지 않고 오히려 자신이나 다른 사람에게 피해를 주는 경쟁도 있다. 명품소유 경쟁, 과시 소비 경쟁 등이 그것이다. 선진국과 달리 모든 분야에 쓸데없는 경쟁을 벌여 정신문화를 황폐하게 만드는 것이 후진국의 특징이다. 기독인들은 나쁜 경쟁을 유발하거나 거기에 참여하지 않아야 한다.

한국 사회는 좋은 경쟁은 억제하고 나쁜 경쟁은 부추기는 바람직하지 못한 정책과 습성이 있다. 기독인들은 올바른 경쟁관을 통해 이를 바꾸어나가야 한다. 좋은 경쟁을 인정하고 장려하되 거기서 늘어난 파이를 나누려는 마음으로 경쟁할 수 있어야 한다. 그리고 경쟁이 공정하게 이루어지도록, 또한 경쟁할 수 없는 약자들, 그리고 경쟁에서 탈락한 사람들을 보살피는 마음과 제도도 갖추도록 노력함이 필요하다.

Chapter 6

부동산 투자냐 투기냐

전공이 경제학이라고 하면 어느 모임을 가나 많은 사람들이 궁금해 하는 의문이 있다. 아파트값이 어떻게 될 것인지 물어보는 것이다. 기독인들이 모인 곳에서도 마찬가지다. 그런데 아쉬운 것은 기독인들이 부동산 문제를 어떻게 바라보고 행동해야 할지는 잘 물어보지 않는다. 기독교 신앙과 부동산 투자와는 무관한 것으로 믿기 때문일지 모른다. 그러나 신앙은 경제생활을 포함한 삶과 행동의 총체적 변화를 포괄하고 있기 때문에 우리의 믿음과 부동산 투자와는 떼려야 뗄 수 없는 관계가 있다.

어떤 사람의 행동이 바른가 그른가를 판단하기 위해서는 그 동기와 결과를 볼 필요가 있다. 하나님은 우리 마음의 중심을 보시며 우리 행동의 결과를 판단하신다. 우리가 자본차익을 노리고, 즉 싸게 사서 비싸게 팔아 돈을 벌려고 하는 것은 그 동기 면에서 아주 고상한 행동은 아닐지 모른다. 그러나 그 결과 좋은 효과가 기대된다면 인정될 수도 있다. 예를 들면 기독인들이 주식투자를 하는 경우이다. 주식투자를 통해 자본이 기업으로 흘러들어가고 기업의 생산 활동으로 부가 창출되며 일자리가 늘어나는 등의 긍정적 효과가 있는 것이다.

반면 부동산의 경우는 지금의 한국에서는 기껏해야 제로섬 게임이다. 돈이 부동산으로 흘러들어간다 하더라도 그 덕분에 부가 창출되기는 어렵다. 건설 경기는 좋아질지 모르나 다른 기업들은 투자할 자본을 구하기 어렵게 된다. 너도나도 부동산에 투자하여 땅값이 올라가면 오히려 기업들은 공장을 지을 값싼 땅이 없어 투자를 포기하거나 해외로 투자처를 옮기게 된다. 땅투기가 이웃의 일자리를 빼앗는 결과를 초래한 것이다.

혹자는 정부 정책이 잘못되어 부동산 가격이 폭등한 것이므로 자신은 책임이 없다고 생각할지 모른다. 이미 살고 있는 집값이 올랐다면 그럴 수 있다. 그러나 기독인들이 정부의 잘못된 정책에 편승하여 여러 채의 아파트를 매매하는 등 투기로 돈을 벌었다면 이는 옳지 않다. 내가 이익을 보았기 때문에 다른 사람들은 손해를 볼 수 있으며 손해를 본 사람들은 나보다 가난한 사람일 가능성이 많기 때문이다.

기독인들의 경제행동은 자본주의에서 허락하는 것을 따라하는 차원에 머물러서는 아니 된다. 현재 한국의 기독인들은 재테크 목록에서 아예 부동산을 빼야 한다. 이 땅에서의 순간적인 이익을 좇다가 천국에서의 영원한 축복을 온전히 누리지 못할까 염려되기 때문이다. 이런 생각도 해본다. 집값이 많이 오르는 지역에 다수의 아파트를 가지고 있는 기독인들이 아파트를 시세보다 훨씬 낮춰 팔기로 결의한다면 얼마나 많은 사람들이 교회로 모여들까?

기독인의 윤리투자

최근 주식시장이 큰 관심을 불러일으키고 있다. 아마 직장인의 가장 큰 관심 대상 중 하나도 어떻게, 그리고 어디에 돈을 투자해야 할 것인가와 관련된 질문일 것이다. 언뜻 생각하기에는 우리가 어떤 주식을 사고 어디에 투자하는 것과 신앙은 관계가 없는 것처럼 보인다. 그러나 우리의 행위를 하나님께서 기뻐하실지 그렇지 않을지에 대해 그리스도인들은 생각해봐야 하고 그 결과에 책임을 져야 한다. 그래서 성경에서는 "먹든지 마시든지 무엇을 하든지 주의 영광을 위해 하라"고 말씀하신다.

많은 사람들은 투자에 있어 수익률과 리스크, 둘 만을 고려한다. 그러나 크리스천들은 새로운 판단기준이 있어야 한다. 투자의 결과가 자신뿐 아니라 이웃 혹은 사회에 미치는 효과에 대한 고려다. 즉 투자의 목적을 주어진 위험 대비 수익 극대화에만 두지 말고 이웃에 미치는 효과가 긍정적일지 부정적일지를 고려하는 것이다. 예를 들면 내가 이 펀드에 투자한 결과가 이웃과 사회에 도움이 될지 아닐지 생각해보고 행동하는 것이다.

이런 면에서 한국의 크리스천들은 윤리펀드(ethical funds)에 관심을 가질 필요가 있다. 윤리펀드는 고용주와 피고용자와의 관계가 모범적이고, 공동체를 고려하며, 환경에 대한 책임을 의식하는 기업들의 주식과 채권에만 투자하는 펀드를 일컫는 말이다. 이러한 윤리펀드에의 투자는 선진국에서 활발히 행해지고 있고, 많은 크리스천들이 여기에 가입해 있다.

예를 들어 2006년 통계에 따르면 미국에서는 전문기관에 운용 위탁을 한 자산 중 약 10%가 사회적 책임에 부합하게끔 기업 활동을 하는 회사들에 투자되는 윤리펀드로 알려져 있다. 영국에서는 1984년 최초의 윤리펀드인 '청지기직 펀드'(Stewardship Fund)가 만들어진 이래로 자산 규모가 급증해 현재 8조원에 이르고 약 50만명이 윤리펀드에 가입되어 있다. 그뿐 아니라 연금 등의 기관투자가들도 윤리적 규범을 준수하는 기업에만 투자하는 관행이 정착되고 있다.

 윤리적 투자 규모가 커지고 그 질이 높아지면 기업도 윤리적으로 경영하기 쉬워진다. 사회적 책임을 무시하는 기업은 살아남기 어렵게 된다. 그러한 기업에 투자할 펀드와 기관투자가가 별로 없어 기업의 자본 조달이 어려워지기 때문이다. 기업의 윤리경영이 촉진되면 사회의 투명성이 높아지고 신뢰와 규범을 바탕으로 하는 사회적 자본도 더 커지게 된다. 그 결과 더 풍요롭고 더 자유로우며 더 이웃을 배려하는 사회가 된다. 윤리투자 운동이 크리스천들에게서 출발하여 한국 사회 전반에 크게 일어나기를 바란다.

Chapter 8

기독교인과 FTA

최근 한국 사회에서는 미국과의 자유무역지역, 즉 FTA 합의를 둘러싸고 큰 갈등이 있었다. 찬성하는 쪽과 반대하는 쪽이 이론으로, 정치적으로, 그리고 시위 등을 통해서도 극명하게 대립되었다. 찬성하는 측에 따르면 FTA는 한국 경제의 성장과 사회 발전을 위해 반드시 필요하다고 주장한다. 반면 반대하는 측은 FTA는 경제성장에 별 도움이 되지 않을 것이며 빈부격차만 심화시킬 것이라고 주장한다.

그러면 기독교인들은 FTA를 어떻게 보아야 할 것인가? 흔히 생각하는 것과는 반대로 성경은 선택과 집중을 인정하고 때론 장려한다. 예를 들어 보자. 왜 하나님께서는 그 많은 민족 중 이스라엘이라는 한 민족을 택하셨을까. 보통 선택과 집중의 이유로 자원의 제약을 든다. 그런데 하나님께서는 자원의 제약이 없는 분이다. 그런데 왜 하나님께서는 모든 민족에게 골고루 다 선지자를 보내어 회개하도록 하지 않으셨던가.

하나님은 사람의 속성을 이해하셔서 만민을 하나님의 백성으로 만드는 데 가장 효과적인 방법을 택하신 것 같다. 하나님을 믿는 이스라엘 백성의 형통함을 보게 하여 다른 민족도 하나님을 믿게 하려는 것이다(신 4:6). 즉 선택과 집중을 통해 다른 민족을 자극, 그들의 노력을 유도하는 것이다. 바울 사도는 로마서에서 경쟁의 원천인 시기에 대하여 언급하고 있다. "이는 내 골육을 아무쪼록 시기케 하여 저희 중에서 얼마를 구원하려 함이라"(롬 11:14). 따라서 FTA로 인하여 경쟁이 심화되고 분야간 격차가 벌어지기 때문에 FTA를 하지 말자는 이야기는 성경적 통찰력과 맞지 않는다.

FTA로 인하여 시장이 커지고 경쟁이 심화되면 일반적으로 경제는 성장하게 된다. 그러나 FTA로 큰 성공을 거두려면 무엇보다 사회가 유연해야 한다. 성공하는 분야에 더욱 많은 노동력을 원활히 공급할 수 있어야 하고 성공 가능성이 없는 분야에 일하는 사람들은 다른 분야로 잘 이동하도록 도와줄 필요가 있다. 따라서 현재 경직적이라고 판단되는 한국의 노동시장을 유연하게 바꾸고 왜곡되어 있는 교육 정신과 시스템을 바로잡을 필요가 있다.

FTA 결과 다 승자가 될 수 없고 피해를 보는 자도 나오게 될 것이다. 그러나 아직 우리 사회는 약자를 돌아보는 문화나 정책이 충분히 발달되어 있지 않다. 더욱이 부문별, 계층간 갈등을 조정해야 할 정치권은 갈등 증폭 기제가 되어 있는 형편이다.

기독교인들은 교육문제를 끌어안고 고민해야 한다. 노동시장의 잘못된 관행도 바꾸어야 한다. 그리고 약자를 배려하는 문화를 일으키고 이들을 제대로 도와주는 정책을 세워야 한다. 이러한 변화와 함께 갈등을 잘 조정, 중재하는 정치 제도가 있다면 기독교인들은 FTA를 반대할 이유가 없다. 오히려 여러 조건들을 개선시켜 FTA의 효과가 극대화되도록 노력해야 할 것이다.

4부

지혜로운 생활

Chapter 1

추수가 더욱 감사한 이유

추수감사절은 영국에서 건너온 청교도들이 신대륙에서 맞이한 결실에 대해 하나님께 감사드린 것이 그 유래로 알려지고 있다. 블룸버그 칼럼니스트 캐롤라인 바움은 청교도들이 정착했던 플리머스 지역의 영국 총독이었던 브래드포드의 저술을 인용, 추수감사절에 얽힌 이야기를 전하고 있다.

처음 청교도들은 '공동경작'을 통해 수확한 것을 똑같이 나눠가졌다고 한다. 그러나 꾀 부리는 사람들이 이 같은 분배 방식을 악용했고, 같이 일하는 사람들은 불만을 터뜨렸다. 게다가 공동체의 생산성은 형편없이 낮았다. 세 번의 겨울이 지나고 난 뒤에야 브래드포드는 각 가정에 땅을 나눠주고 모든 사람이 각각 알아서 곡식을 길러야 한다고 했다. 그 결과는 어떠했을까? 모든 사람이 근면하게 일했고, 큰 풍작을 이루게 됐다.

이런 이야기는 지금은 거의 사라진 사회주의 체제의 모순으로 우리에게 잘 알려진 내용이다. 구소련에서는 사회주의 생산 방식을 위해 토지, 건물, 가축 같은 이른바 '생산수단'을 국유화했다. 하지만 오랫동안 조상의 땅에 살아온 농민들은 '토지는 국가 소유'라는 논리를 쉽게 받아들이지 못했을 것이다. 스탈린은 이러한 문제점을 민족이주 정책으로 해결하려 했다. 타향 땅은 자기네들의 땅이라고 여기지 않을 것으로 생각했기 때문이었다.

그러나 문제는 엉뚱한 데서 발생했다. 갑자기 소련의 가축이 엄청나게 줄었던 것이다. 이른바 생산수단의 하나로서 가축을 국가 소유로 했기 때문에 데려갈 수 없다는 것을 알게 된 많은 사람이 타지로 이동하기 전 이 가축들을 잡아먹었기 때문이다. 어떤 재화도 사유재산이 아니라 공동재산으로 만들어 버리면 사람들은 이를 합리적으로 관리하지 않게 된다.

구약성경 신명기, 민수기, 그리고 여호수아서에서 하나님은 애굽을 떠나 광야에서 방황한 뒤 가나안땅으로 들어가는 이스라엘 백성의 지파별로 땅을 분배하라고 모세와 여호수아에게 명령하신다. 이스라엘 각 지파는 이렇게 분배받은 땅을 여러 가문에 기업으로 다시 나누어주게 된다. 그 결과 모두 각자의 땅에서 열심히 일하게 됐다.

이스라엘 백성이 가나안 땅에 들어가 풍요로운 결실을 거두게 된 것은 전적으로 하나님의 은혜다. 하나님께서는 젖과 꿀이 흐르는 가나안 땅을 허락하셨을 뿐만 아니라 그 땅에서 각자 땀 흘린 대로 결실을 거둘 수 있는 지혜로운 방법을 가르쳐 주셨던 것이다. 우리에게 추수가 더욱 감사한 이유다.

Chapter 2

준비와 탐욕의 차이

세상에 무슨 일이 일어날지 모르므로 기업에서는 외상값이나 꿔준 돈을 못 받는 경우에 대비해 대손충당금이란 것을 미리 설정한다. 또 직원들의 퇴직금도 거액이므로 한꺼번에 지출하는 것이 어렵기 때문에 퇴직급여충당금을 미리미리 조금씩 모아둔다. 또한 건물이나 기계장치와 같은 고정자산은 시간이 흐름에 따라 가치가 지속적으로 하락하므로 감가상각충당금을 쌓아 놓는다. 대손충당금, 퇴직급여충당금, 감가상각충당금 등과 같은 비용은 기업을 운영하면서 정당하게 지출하는 비용으로 간주된다.

자동차보험, 화재보험, 생명보험 그리고 해상보험이나 상해보험과 같은 경우도 정당한 비용으로 인정된다. 경제활동을 하고 기업을 경영하다 보면 여러 가지 예상하지 못한 위험이 나타날 수 있다.

그런데 이러한 위험이 모든 사람에게 찾아오는 것은 아니다. 몇 사람에게만 나타나는 것이다. 문제는 사전에 이러한 위험이 누구에게 찾아오는지를 알아낼 수가 없다는 것이다. 이 경우 여러 사람이 조금씩 돈을 모아 준비했다가 사고가 났을 때 위험을 맞은 사람이나 그 가족에게 전해주는 것이 다름아닌 보험이라고 할 수 있다.

이와 같은 충당금과 보험료는 미래를 보다 안전하고 예측 가능하게 설계하기 위해 우리가 준비하여 따로 떼어두는 몫이라고 할 수 있다. 성경에서도 이처럼 준비한 사람의 예가 나타난다. 바로 요셉이다. 요셉은 바로의 꿈을 해석해 7년 풍년의 소출을 잘 저장해 나중에 올 7년 흉년에 대비하라고 권고했다. 바로는 요셉처럼 명철하고 지혜로운 자가 없다고 칭찬하며 그를 이집트의 국무총리로 삼아 이러한 준비를 하도록 전권을 위임했다.

똑같이 곡식을 쌓아두는 것인데도 예수님이 마태복음에서 예로 든 어리석은 부자는 요셉의 경우와 전혀 다른 교훈을 준다. 한 부자가 소출이 풍성하나 쌓아둘 곳이 없자 곳간을 헐고 더 크게 지은 후에 "여러 해 쓸 물건을 많이 쌓아두었으니 평안히 쉬고 먹고 마시고 즐거워하자"(눅 12:19하)고 했다. 그러나 하나님께서 이 부자의 영혼을 도로 찾을 것이니 이 부자의 예비하고 애쓴 것이 모두 헛되다고 예수님은 말씀하셨다.

미래의 필요에 대비하고 준비한다는 의미에서 재물을 쌓아두는 것과, 평안히 쉬고 먹고 마시고 즐기기 위해 재물을 쌓아두는 것을 성경은 전혀 다르게 평가하고 있다. 예수님께서는 이 부자를 "자기를 위하여 재물을 쌓아두고 하나님께 대하여 부요치 못한 자"(눅 12:21)라고 하시면서 불필요한 탐욕을 경계하셨다. 하나님은 준비와 탐욕을 구별하시는 분이다.

Chapter 3

가장 중요한 자원

경제학에서 자원이라 하면 유한하고 희소한 것으로 정의된다. 물적 자원과 인적 자원 그리고 지식 자원 등이 그 예다. 그러나 이 외에도 가장 중요한 자원으로 시간을 들 수 있다. 본래 시간은 사람에게 유한한 자원이 아니었다. 에덴동산에서 아담과 하와에게는 영생이 허락되었기 때문에 시간은 무궁무진했다. 그러나 이들이 하나님의 명령을 어기고 선악과를 먹은 뒤 이 땅에서 유한한 삶을 살 수밖에 없었고 시간은 인간에게 유한한 자원이 되고 말았다.

시간은 어찌보면 참으로 공평한 자원이다. 건강에 따라 누리는 삶의 연한은 다를 수 있겠지만 누구에게나 똑같이 하루는 24시간이요 일주일은 7일이다. 시간은 또 저축해 둘 수도 없다. 오늘 3시간을 아껴서 내일을 27시간으로 만들 수 없다.

 이렇게 누구에게나 동일하게 흘러가는 시간이지만 아껴 쓰게 되면 그것이 쌓여 커다란 차이로 나타난다. 토끼와 거북이의 경주가 바로 이런 예다. 부지런히 일하면 한가하게 늘어져 있는 것보다 시간을 아끼는 셈이다. 시간을 절약하고 남는 시간에 다른 일을 하기 위해 사람들은 비용을 더 치르고라도 비행기를 탄다. 남는 시간에 여가도 즐길 수 있다. 빨리 가는 속달과 택배는 값이 비싸도 사람들이 선호한다. 시간이 곧 돈이기 때문이다. 도심에 가까운 주택의 가격이 비싼 것도 출퇴근 시간을 많이 아낄 수 있어 사람들의 수요가 그만큼 많기 때문이다.

 저개발국 국민들은 소득 수준이 낮으므로 먹고 사는 돈과 생활비를 마련하기 위해 밤낮 없이 일한다. 그러나 어느 정도 소득 수준이 올라가면 돈을 벌기보다는 여가시간을 더 선호하게 된다. 그래서 경제 발전 초기에는 소득 수준이 올라갈수록 근로시간이 많아지다 어느 수준을 넘어서면 오히려 줄게 된다.

성경도 시간의 중요성을 여러 곳에서 지적하고 있다. 모세는 "우리에게 우리 날 계수함을 가르치사 지혜의 마음을 얻게 하소서"(시 90:12)라고 노래하고 있다. 하나님과 함께하는 귀하고 선한 일에도 세월을 아끼라고 성경은 가르치고 있다. 바울은 에베소 교인들에게 "그런즉 너희가 어떻게 행할 것을 자세히 주의하여 지혜 없는 자같이 말고 오직 지혜 있는 자같이 하여 세월을 아끼라. 때가 악하니라"(엡 5:15-16)고 가르치고 있다. 유한한 육신을 입고 오신 예수님도 짧은 공생애 중에도 시간을 효율적으로 쓰시면서 가르치시고 치유하시고 기도하셨다. "내 아버지께서 이제까지 일하시니 나도 일한다"(요 5:17)는 예수님의 성실함과 열정을 배우고 싶다.

쉼은 생산을 위한 재충전의 기회

국제노동기구(ILO)는 한국 근로자 1인당 연간 노동시간이 2,305시간으로 조사대상 54개국 중 가장 길다는 조사결과를 발표했다. 반면 한국 근로자들의 노동생산성은 미국의 68%에 불과하다고 했다. 이는 야근도 하고 열심히 일하지만, 한편으론 친구가 찾아오면 여유있게 차를 마신다든지 오랜 점심시간을 보낸다든지 하는 우리 특유의 업무방식으로 노동강도가 약하기 때문에 나타나는 특성처럼 보여진다.

이번 조사에서는 우리나라의 노동시간이 세계에서 가장 빨리 줄어들고 있다는 내용도 보도됐다. 소득 증가에 따라 여가에 대한 수요도 급격히 늘어나기 때문인 것 같다. 선진국이 될수록 일할 때는 열심히 일하고 쉴 때는 확실히 쉬는 모습을 볼 수 있다. 잘 쉬고 재충전할 수 있어야 또다시 열심히 일할 수 있는 것이며 노동생산성도 좋아지고 힘든 노동강도도 감당할 수 있게 된다.

소득 증가와 더불어 최근에는 달러와 엔화가치가 많이 떨어져서 해외관광 수요도 크게 늘고 있다. 예전에는 쉬는 것은 노는 것이고 나태한 것이라고 죄악시되었지만 이제는 쉬는 것에 대한 인식도 많이 바뀌었다. 열심히 일하는 것이 전제된다면 그리 나쁘지는 않은 현상이라고 보여진다.

하나님은 안식의 중요성을 우리에게 일깨우는 분이시다. 하나님께서는 세상을 만드시고 일곱째 날엔 스스로 쉬시면서 안식하셨다. 또한 우리도 하나님을 따라 쉬라고 하시면서 십계명의 하나로 안식일을 지키라고 명하셨다. 영어에서도 레크리에이션(recreation)이란 말은 '다시 만든다'는 것을 의미한다. 이는 쉼을 통해 사람이 힘을 얻고 일할 수 있다는 사실을 우리에게 새삼 일깨워준다.

하나님께서는 지친 우리에게 평안한 쉼을 허락하는 분이시다. 구약의 선지자 엘리야가 아합 왕의 아내 이세벨로부터 살해위협을 받자 두려워하고 낙심해 스스로 광야로 들어가 로뎀나무 아래 앉아서 죽기를 구하였다. "여호와여, 넉넉하오니 지금 내 생명을 취하소서. 나는 내 열조보다 낫지 못하나이다"(왕상 19:4)하고 로뎀나무 아래 누워 잠이 들었을 때 하나님은 천사를 보내셔서 숯불에 구운 떡과 한 병 물로 먹이시면서 엘리야에게 쉼을 허락하셨다.

수확의 계절 가을이다. 열심히 일할 때이다. 로뎀나무 밑에서 쉼을 얻고 강건하여져서 사십주야를 행하여 하나님의 산에 이른 엘리야처럼 말이다.

이 세상에 공짜는 없다

경제학에서는 모든 선택에는 대가가 있다고 가르친다. 한마디로 이 세상에 공짜는 없다는 것이다. 세상 모든 것이 그렇겠지만 좋은 면이 있으면 그렇지 않은 면도 있게 마련이다. 멋진 옷을 사 입는 것은 좋지만 비싼 값을 치르자면 자연스레 돈이 아깝다는 생각이 든다. 모든 선택과 결정도 이런 양면이 있게 마련이다.

예전에 미국의 트루먼 대통령도 중요한 결정을 내릴 때 경제학자들에게 자문을 구했는데 경제학자들은 대통령을 편하게 해주질 못했던 것 같다. 경제학자들은 속시원하게 "추진하십

시오" 또는 "하지 마십시오"라고 말하지 않았다. 한 손을 펴면서 "한편으론 이러이러한 장점과 국민적 편익이 있습니다"라고 말하고 다른 한 손을 펴고는 "반면에 이러이러한 단점과 비용이 있습니다"라고 하게 마련이었다. 트루먼 대통령은 경제학자들이 딱 부러지게 무슨 결론을 제시하지 않자 짜증을 내며 "한팔 달린 경제학자를 불러 달라"고 했다는 재미있는 일화가 있다.

먹고 사는 것도 그냥 되는 것이 아니다. 하나님은 우리에게 땀 흘려 일하라고 명하신다. 에덴동산에서 아담과 하와가 선악과를 따먹고 하나님께 순종하지 않은 죄를 범하면서 인간이 공짜로 먹고 사는 길은 없어졌다. 아담과 하와는 타락 이전에는 동산의 갖가지 과일을 마음대로 따먹을 수 있었지만 타락해서 쫓겨난 후에는 종신토록 수고해야 땅의 소산을 먹을 수 있게 된 것이다.

성경에 보면 하나님도 열심히 일하시는 분으로 묘사돼 있다. "이스라엘을 지키시는 자는 졸지도 아니하고 주무시지도 아니하시리로다"(시 121:4)라고 하나님을 밤낮 없이 일하시는 분으로 그리고 있으며 예수님께서도 "내 아버지께서 이제까지 일하시니 나도 일한다"(요 5:7)고 말씀하시면서 안식일에도 치유 사역을 감당하셨다.

 공짜처럼 보이는 것도 사실은 공짜가 아니다. 누가 음악회 초대권을 선물하더라도 막상 음악회에 가려면 귀한 시간을 내야 하고 그 시간에 할 수 있는 다른 일을 희생할 수밖에 없다. 강물에 오염 물질을 흘려보내고 자동차와 공장에서 매연을 뿜어내도 당장은 괜찮아 보이지만 결국은 심각한 해양 오염과 대기 오염으로 우리를 괴롭히게 된다. 경찰이 도둑과 강도로부터 우리를 지켜주고 도로를 만드는 것도 공짜 같지만 사실 알고 보면 모두 우리 세금으로 하는 일이다.

 우리의 구원도 공짜로 얻어진 것이 아니다. 공짜로 구원을 얻은 것 같지만 그 뒤에는 십자가에서 피 흘리신 예수님의 고귀한 희생이 있는 것이다. 이 세상에 공짜는 없다.

Chapter 6

배 아파하기보다 배부름에 감사하자

우리나라 사람들에게서 많이 보는 정서가 배 아픈 병이다. '사촌이 땅 사면 배 아프다' '배 아픈 것보다는 배 고픈 게 낫다'는 등의 심리가 이를 말해준다. 한·중·일 국민의 반기업정서를 조사한 결과는 충격적이다. 기업이 이윤을 극대화하는 것이 국민의 복지증진에 도움이 되는가라는 질문에 일본과 중국 국민은 각각 과반이 넘는 66.0%와 78.2%가 '그렇다'라고 대답을 했지만 우리나라 국민은 과반에 훨씬 못 미치는 39.8%만이 '그렇다'라고 대답했다. 그러나 기업이 돈을 많이 벌면 투자도 하고 고용도 하고 또 세금도 많이 내서 국민복지에 도움이 되기 마련이다.

거래는 사는 사람과 파는 사람 모두에게 득이 되는 일이다. 빵을 사는 사람들은 자기가 직접 만드는 것보다 편하기 때문에 빵을 산다. 빵을 만들어 파는 사람들도 밑지지 않고 이윤이 남기 때문에 그렇게 한다. 거래는 누가 강요하는 게 아니라 자발적으로 하는 것이다. 손해 나는 일이라면 처음부터 하려고 하지도 않았을 것이다. 모두들 자신의 이득을 위해서 그렇게 하지만 결과적으로 다른 사람에게도 득이 되는 것이다.

거래할 때 상대방을 속이거나 경쟁사업자가 없어서 부당한 가격을 매기는 경우, 또 사업자들끼리 짜고서 소비자들에게 터무니없는 가격을 부과하는 경우는 바람직한 경제행위가 아니다. 이에 대한 제재는 있어야 한다. 그러나 정당한 거래에서도 다른 소비자가 나보다 좋은 조건으로 물건을 산다든지, 동료가 회사에서 나보다 많은 성과급을 받는다든지, 이웃 가게가 잘 된다든지 할 때 왠지 모르게 배가 아프다. 한술 더 떠서 자기에게 물건을 판 사람이 잘 되는 것에 배 아파하기도 한다.

예수님께서도 포도원 품꾼의 비유에서 이런 문제를 지적하셨다. 포도원에 들어가 일한 사람들이 늦게 들어온 사람들보다 더 많이 받을 것을 기대했는데 똑같이 1데나리온을 받았을 때 주인을 원망하였다. 이때 주인은 "친구여 내가 네게 잘못한 것이 없노라. 네가 나와 1데나리온의 약속을 하지 아니하였느냐? 네 것이나 가지고 가라. 나중 온 이 사람에게 너와 같이 주는 것이 내 뜻이니라"(마 20:13-14)라고 하였다. 이 비유가 나중 된 자 먼저 되고 먼저 된 자 나중 된다는 것을 제자들에게 가르치시기 위한 비유지만 예수님의 말씀은 그 자체로도 우리 삶에 교훈을 준다.

맛있고 배불리 먹었을 때에는 내가 오늘 맛있고 배부른 데 감사하는 것이 바람직한 크리스천의 태도이다. 배 아파하기보다 배부름에 감사하자.

Chapter 7

자신이 가진 것을 아는 지혜

사람들은 늘 모자란다는 말을 많이 한다. 돈이 없다, 사람이 모자란다, 기술이 부족하다 등. 경제학자도 마찬가지다. 예산 제약과 한정된 자원은 경제학에서 가장 먼저 가르치는 내용이다. 사실 우리에게 잘 이루어지지 않는 일이 있으면 그 이면에는 항상 모자란 무엇인가가 있고 그것은 더 잘 보이기 마련이다. 이 때문에 늘 핑계를 쉽게 찾을 수 있다.

그런데 역사상 위대한 인물과 입지전적인 기업가들을 보면 날 때부터 풍부한 자원과 마음껏 쓸 수 있는 재산을 갖고 태어난 경우는 드물다. 대부분 열악한 환경과 어려움을 뚫고 앞길을 헤쳐나간 사람이다. 핑계거리가 많은 사람들이지만 핑계와 남을 탓하기보다 자신이 갖고 있는 재능과 능력을 최대한 활용해 많은 것을 이룩해낸 사람들이다. 이들은 자신에게 없는 것보다 자신에게 있는 것에 주목하는 특징을 갖고 있다.

지금은 세계 최대 조선소가 된 현대중공업을 건설한 고 정주영 회장이 아무것도 없이 그리스에서 유조선 2척을 수주받은 일화는 매우 유명하다. 당시 500원짜리 지폐에 그려져 있는 거북선을 그리스인들에게 보여주면서 우리 민족은 예전부터 배를 만드는 기술이 뛰어났다고 설득한 것이다. 그가 지갑 속에 가지고 있던 500원짜리 지폐가 결국 세계 최대 조선소의 출발이 된 것이다.

하나님도 우리에게 있는 자원이 무엇인지 주목하라고 말씀하신다. 모세를 보내실 때 여호와께서는 특별한 것을 따로 주지 않으시고 지팡이만 가지고 가도록 말씀하셨다. 우리에게 없는 것을 보지 말고 우리에게 주어진 것에 주목하라는 말씀이다. 다윗이 골리앗과 싸우러 나갈 때 사울왕이 준 갑옷을 벗어버리고 익숙한 목동 차림으로 막대기와 매끄러운 돌 다섯 개, 물매를 갖고 나아가 골리앗을 쓰러뜨렸다.

예수님께서도 가나의 혼인잔치에서 포도주가 떨어졌을 때 항아리의 물로 포도주를 만드셨고 어린아이가 바친 다섯 마리 물고기와 두 개의 떡으로 오천 명을 먹이셨다. 하나님께서는 우리에게 없는 것을 주시기도 하지만 우리가 가진 것이 무엇인지 늘 돌아보게 하신다.

우리는 예산과 인력 타령만 한다. 그러나 자원의 한계를 극복하고 무엇인가를 이뤄내는 것이야말로 하나님께서 원하시는 창의적인 일이다. 하나님께서는 우리가 갖고 있는 자원에 집중하고 거기에서부터 출발하라고 가르치신다. "네 손에 있는 것이 무엇이냐"(출 4:2).

평생 공부하고 훈련하라

한국교육개발원 발표에 따르면 우리나라 성인의 평생학습 참여율은 29.8%로 경제협력개발기구(OECD) 평균인 26%보다 다소 높게 나타났지만 직업과 관련한 평생학습 참여율은 10.5%로 OECD 평균인 18%에 비해 크게 낮았다. 쉽게 말하면 우리나라 사람들은 직업을 얻기 전에는 열심히 공부하지만 일단 직업을 얻고 나서는 공부를 열심히 하지 않는다는 것이다. 이 조사는 우리 사회가 갖고 있는 교육풍토의 근본적인 문제점을 드러내고 있다고 생각된다.

좋은 학교나 직장에 들어가거나, 자격증을 따거나, 전문가가 되거나 하기 전까지는 치열하게 경쟁을 벌이지만 일단 들어가고 나서는 그다지 치열한 경쟁이 나타나지 않는 우리 사회의 풍토를 여실히 말해 주는 것이다. 일례로 직업을 얻거나, 변호사나 박사가 되기 전까지는 열심히 공부하지만 얻은 후에는 공부에 열심을 다하지 않게 된다. 좋은 대학에 들어가기 위해서 열심히 공부하다가 일단 명문 대학에 들어가고 나서는 지쳐버린 학생들을 많이 보게 된다. 대학생들이 가장 선호하는 직업이 공무원이나 공기업 직원이라는 사실도 일단 시험보고 들어간 이후에는 큰 노력 없이도 직장생활을 계속할 수 있다는 심리가 도사리고 있기 때문일 수 있다.

그러나 선진국 국민들은 평생 열심히 공부하고 훈련하는 모습을 볼 수 있다. 미국의 명문대학은 들어가기도 쉽지 않지만 들어가서도 열심히 공부해야 한다. 교수가 된 이후에도, 변호사 자격증을 딴 이후에도 열심히 노력하여야 인정을 받게 되고 안정된 자리를 보장받을 수 있다. 우리나라의 최고급 대학들도 세계 정상급 대학에는 크게 못 미치는 이유가 이런 점 때문이다.

하나님은 이스라엘 백성들이 가나안 땅에 들어가기 전 40년 동안 모세를 통하여 광야에서 이들을 여러 방법으로 훈련시키셨다. 그러나 하나님은 모세에게 "내가 모든 명령과 규례와 법도를 네게 이르리니 너는 그것을 그들에게 가르쳐서 내가 그들에게 기업으로 주는 땅에서 그들로 이를 행하게 하라"(신 5:31)고 하시면서 가나안 땅에 들어간 이후에도 이스라엘 백성이 하나님의 말씀과 율법을 늘 명심하고 지키도록 지속적인 교육과 훈련의 중요성을 모세와 그 후계자 여호수아에게도 반복하여 강조하셨다. 하나님께서는 가나안 땅에 들어간 이후에도 들어가기 전과 마찬가지로 이스라엘 백성을 가르치고 훈련하고 가르칠 것을 명령하셨다. 하나님은 지속적인 교육과 훈련의 중요성을 강조하시는 분이다.

5부

경제와 하나님의 일반은총

하나님 은총 스며있는 시장원리

타락 이전에 아담과 하와는 선악과를 제외하고는 에덴동산의 각종 나무의 실과를 마음대로 먹을 수 있었다. 별다른 노력이 없어도 풍부한 자원이 주어진 셈이었다. 게다가 욕심도 없었다. 벌거벗었으나 부끄러워하지 않아 옷도 필요 없을 정도였다. 영원히 살 수 있도록 허락됐기 때문에 시간도 제한된 자원이 아니었다.

그러나 선악과를 먹고 죄를 범하면서 모든 것이 달라졌다. 인간은 에덴동산에서 쫓겨나 종신토록 수고해야 땅의 소산을 먹을 수 있게 됐다. 영원히 살지 못하고 죽게 돼 시간도 제한된 자원이 돼버렸다. 그러나 욕망은 커져서 자원에 대한 수요가 크게 늘게 되었다. 부족함이 없고 욕심도 없는 낙원에서 인간은 갑자기 시간을 포함한 모든 자원이 제한되고 유한한 세상으로, 그나마 그것도 많은 노력을 기울여야만 얻을 수 있는 세상으로 가슴속에 욕심을 가득 품은 채 쫓겨난 것이다.

이처럼 타락한 인간을 하나님은 그냥 내버려두신 것일까? 아니다. 하나님은 늘 긍휼을 베푸시는 분이다. 하나님은 아담과 하와가 에덴동산에서 쫓겨날 때에도 가죽옷을 지어 입히셨다. 그리고 수요와 공급의 법칙이 나타나는 시장원리를 허락하셨다. 애덤 스미스가 찾아낸 시장원리는 자신의 욕심에 따라 살면서도 모두 조화롭게 살 수 있는 수요와 공급의 법칙이 나타나는 '보이지 않는 손'의 원리이다.

빵가게 주인 갑돌이는 이웃에 대한 특별한 사랑이나 자비심이 없이 오직 스스로의 이익을 최대한 추구하는 사람이다. 갑돌이처럼 많은 빵가게 주인들이 시장에서 서로 돈을 많이 벌려고 경쟁한다. 결과적으로 값싸고 좋은 품질의 빵을 만드는 사람이 빵을 많이 공급하게 된다. 뿐만 아니라 지불하고자 하는 가격보다 낮은 수준으로 가격을 제시하기 때문에 소비자도 높은 만족을 누린다. 이 과정을 통해 경제는 성장한다.

하나님은 햇빛을 악인과 선인에게 동일하게 비추시며 비도 의로운 자나 불의한 자 모두에게 내리시는 분이다. 중력의 법칙이 사물과 허약한 인간을 유지시키는 고마운 하나님의 은총이듯이 수요와 공급의 법칙으로 대변되는 시장원리도 욕심에 빠져 사는 연약한 인간들이 그나마 조화롭게 살아갈 수 있도록 허락하신 하나님의 은총이 아니겠는가? 물론 하나님은 궁극적으로 우리가 하나님을 닮아 거룩해지기를 소망하고 기대하고 계시지만 말이다.

Chapter 2

공정한 저울을 써라

시장은 공정한 경쟁을 전제로 작동된다. 경쟁이 공정하지 않으면 사람들은 시장을 불신하고 불공정한 편법이 판을 치게 된다. 그런데 무엇이 공정성의 기준인가. 공정한 경쟁은 자율적인 선택이 이루어질 수 있도록 돕는 것이다. 예를 들면 소비자가 시장에서 상품을 제대로 선택할 수 있도록 도와야 한다. 선택의 폭이 좁은 독과점의 경우도 문제다. 민간의 독과점은 정부에서 감시하면 되지만 역설적으로 공공 부문에는 이런 장치가 없다. 민간기업은 공공 부문에 진입하기 어렵기 때문에 이런 경쟁의 제한은 소비자와 국민의 선택 폭을 좁히는 결과로 나타나기도 한다.

또한 소비자가 상품을 고를 때 사고 싶은 양을 제 가격에 살 수 있어야 한다. 상품의 수량을 속인다든지, 사업자들끼리 서로 짜고 소비자 가격을 올린다면 공정한 경쟁이 보장되지 않는다. 또 기존 사업자들이 텃세를 부려서 새로운 사업자의 시장 진출을 방해하거나 공정하지 못한 방법으로 내쫓으려고 하는 경우도 문제가 된다.

이런 원리는 상품시장에만 국한되는 것은 아니다. 금융 및 자본시장에도 동일하게 적용된다. 은행에서 돈을 빌리는 사람이나 기업은 제대로 돈을 갚을 수 있을 것인지를 판단할 수 있도록 적절한 회계자료와 정보를 제공해야 한다. 주식시장을 통해 기업에 투자할 경우도 마찬가지다. 해당 기업의 사업활동과 재무현황 등 투자자가 알아야 할 정보가 투명하게 공시돼야 한다. 만약 주주들에게 사업 내용과 재무제표에 대한 적절한 정보가 제시되지 않는다면 어떻게 주주들이 정확한 판단을 내릴 수 있겠는가? 정보를 제시하지 않거나 잘못된 거짓 정보를 제공하는 것도 공정하지 못한 행위다.

하나님은 시장에서 공정한 거래와 경쟁을 바라시는 분이다. 가나안 땅으로 들어가는 이스라엘 백성에게 "너는 주머니에 같지 않은 저울추 곧 큰 것과 작은 것을 넣지 말 것이며 네 집에 같지 않은 되 곧 큰 것과 작은 것을 두지 말 것이며 오직 십분 공정한 저울추를 두며 십분 공정한 되를 둘 것이라 그리하면 네 하나님 여호와께서 네게 주시는 땅에서 네 날이 길리라"(신 25:13-15)는 말씀으로 경계하셨다.

"속이는 저울은 여호와께서 미워하시나 공정한 추는 그가 기뻐하시느니라"(잠 11:1).

성장은 시간을 두고 나타나는 것

경제고 사람이고 성장하는 데는 시간이 든다. 하루아침에 이루어지지 않는다. 착실하게 설비를 투자하고, 연구개발을 하고, 직원을 교육하고 훈련시켜야 생산성이 늘어나게 된다. 공부하는 것도 마찬가지이다. 꼴찌가 어느 날 벼락처럼 이치를 깨닫고 일등이 되는 것은 아니다. 차근차근 노력하고 하나하나 배우고 깨쳐서 성적이 올라가는 것이다. 거북이가 토끼와 경주해서 이겼을 때 어느 순간부터 갑자기 달리기 속도가 빨라진 것이 아니다. 여전히 느리고 답답하게 기어갔지만 꾸준하게 노력한 게 비결인 것이다.

복리로 저금한 돈이 자라는 것도 마찬가지이다. 처음에는 답답하고 목돈이 되지 않을 것 같지만 어느 순간에 보면 불어나 있기 마련이다. 사실 세계경제도 불확실성이 커지고 경기가 위축된다고들 말하지만 돌이켜보면 눈부신 성장을 거듭한 것이 사실이고 그래서 더욱 감사할 일이 많은 것이다.

반면 몇 년 전 IT산업의 버블도 그랬고 최근의 부동산 버블도 마찬가지이겠으나 모두 단기간에 지나치게 큰 수익률이 나타났던 게 화근이었다. 이런 고수익률이나 가격상승률이 본질적인 것으로 착각하여 많은 과투자가 발생하게 되고 결국에는 버블이 꺼지면서 많은 사람이 손해를 보게 되는 것이다.

사람들은 교육에서도 욕심을 부린다. 우리나라 중·고등학생들의 하루 공부량은 엄청나다. 많은 학생들이 학교를 파하고 학원과 과외수업과 인터넷 동영상을 통하여 새벽까지 공부한다. 이렇게 몇 년을 공부하면 모두들 제일 좋은 대학에 갈 수 있을 것 같으나 어차피 좋은 대학에 갈 수 있을 정도의 실력을 갖춘 학생들의 수는 제한되어 있다. 그나마 예전보다 학력이 떨어진 것 같다고 여러 대학교수들은 걱정하고 있으며 수학과 같은 과목은 대학 입학 이후에 다시 보강하기도 한다.

많은 학생이 중·고등학교 시절의 공부에 지쳐서 대학에 가면 기력이 쇄진해지는 것은 이런 이유 때문이 아닐까 한다. 충분히 긴 기간을 염두에 두고 차근차근 자라기를 바라고 가르치는 외국의 교육에서 우리는 많이 배워야 한다. 교육은 인내력의 문제이다.

예수님은 하나님의 나라를 "마치 사람이 자기 채전에 갖다 심은 겨자씨 한 알 같으니 자라 나무가 되어 공중의 새들이 그 가지에 깃들였느니라"(눅 13:19)라고 하셨다. 작은 씨앗도 조금씩 자라면 큰 나무가 되어 무성하게 되듯이 성장은 시간을 두고 기다릴 때 나타나는 것이다. 큰 비전을 이루기 위해서는 조급한 마음을 버려야 한다. 성장은 시간을 두고 나타나는 것이기 때문이다.

경제성장은 하나님의 뜻

경제성장은 종종 비인간적인 도시화, 소득불균형 그리고 환경파괴의 주범으로 지목된다. 언뜻 그럴듯하게 들린다. 그러나 찬찬히 경제성장이 가져다주는 혜택을 생각해 보자. 60억 인구 중 50억이 개발도상국에 살고 있는 지구상에서 경제성장으로 1인당 소득이 증가하게 되면 평균수명이 늘고 유아사망률이 줄게 된다. 영양부족과 질병이 현저히 준다. 최소한의 위생시설을 갖추게 되고 깨끗한 물을 마실 수 있게 된다. 의료시설의 혜택을 볼 수 있게 되고 글을 읽고 쓰는 사람이 많아지고 고등교육까지 받게 된다.

이처럼 경제성장은 잘사는 사람만 더 잘살게 해주는 것이 아니다. 경제성장은 국민의 복지수준을 높이며 정치제도를 발전시키는 근본적인 동력이 되는 것이다. 미국 하버드대 벤저민 프리드먼 교수는 《경제성장의 도덕적 결과》라는 책을 통해 선진국뿐 아니라 개발도상국에서 경제성장은 경제만을 발전시키는 것은 아니라고 밝히고 있다. 다소의 시행착오와 몇몇 예외는 있으나 경제성장은 대체로 열린 사회, 관용하는 사회, 계층간 이동이 큰 사회, 공정한 사회 그리고 민주적인 사회를 만드는 원동력이 된다는 것이다.

경제성장이 소득분배와 환경오염을 악화시킨다는 주장도 어느 한 측면만을 강조함으로써 사실을 다소 과장하고 왜곡하는 경향이 있다. 경제가 성장하면 고용기반이 확대되고 중산층이 많아진다. 따라서 소득분배가 개선되기 마련이다. 경제성장의 초기에는 환경문제가 악화될 수 있다. 그러나 경제성장이 지속되는 경우 환경이 개선되는 게 보다 일반적인 현상이다. 우리나라도 선진국으로 들어가는 문턱에서 과거보다 환경문제가 많이 나아지고 있음을 부인할 수 없다.

창세기에서 하나님은 사람을 남자와 여자로 창조하시고 그들에게 복을 주시며 "생육하고 번성하여 땅에 충만하라, 땅을 정복하라, 바다의 고기와 공중의 새와 땅에 움직이는 모든 생물을 다스리라"(창 1:28 이하)라고 명령하셨다. 흔히 '문화명령'이라고 알려진 이 하나님의 명령은 인간이 땅에서 번성하고 잘 살라는 것인데 동시에 함께 창조된 피조물을 잘 관리하라는 하나님의 뜻으로 이해된다.

가장이 돈을 벌어야 아이들이 공부하고, 교회 다니고, 건강한 사회의 일원으로 자랄 수 있는 것처럼 이 땅에 사람들이 생육하고 번성하려면 경제성장은 불가피하다. 인간의 과욕은 경계해야 하겠으나 경제성장은 선택이 아닌 필수이다.

Chapter 5

건강한 조직은 일을 나누어 한다

회사나 정부나 일을 효율적으로 처리하기 위해서는 조직에 골고루 일을 나눠야 한다. 어려운 말로 적절한 업무 분권화가 필요하다는 것이다. 조직의 상층 지휘부서로만 중요한 결정이 몰리면 여러 문제점이 나타난다.

우선 지휘부서에 일이 너무 많아진다. 모든 결정사항이 올라오기 때문이다. 자연히 일처리 속도가 느려진다. 신속한 결정이 어렵다. 또 밑의 집행부서가 책임을 지려 하지 않는다. 모든 결정을 미루게 돼 조직이 나태해지고 느슨해진다. 무사안일, 복지부동 등과 같은 관료주의적 행태가 나타나기 마련이다.

사회주의가 제대로 작동하지 못했던 이유도 무엇을, 얼마나, 어떻게 생산하고 누구에게 분배하는지의 문제를 중앙에서 '계획'으로 해결하려고 했기 때문이다. 시장경제에서는 기본적으로 시장에서 수요와 공급에 의해 이 문제를 해결한다. 따라서 누가 지휘할 필요도 없고, 결재서류를 올릴 필요도 없다. 매우 빠르고 효율적인 의사결정이 이루어진다. 다른 사람들을 탓할 필요도 없다. 모두 각자에 대해 스스로 책임지기 때문이다.

《초우량기업의 조건》(In Search of Excellence)이라는 저서로 현대 기업경영의 창시자라고 불리게 된 경영 컨설턴트 톰 피터스는 우수한 조직의 가장 첫번째 조건이 일을 나눠 하는 '분권화'라고 설명하고 있다. 그는 분권화가 가져오는 가장 큰 장점이 조직의 미래를 생각하는 사람이 많아지는 것이라고 했다. 조직 내부에서 여러 사람들이 책임을 지게 되면 업무처리도 빨라지게 될 뿐 아니라 여러 사람이 창의성과 자율성을 갖고 일하게 돼 성과가 좋아진다.

이스라엘 백성의 지도자 모세가 백성을 재판하느라고 아침부터 저녁까지 하루 종일 시간을 보내고 있었을 때 그의 장인 이드로가 일을 다른 사람들과 나눠 하라고 충고한다. 이드로는 "온 백성 가운데서 재덕이 겸전한 자 곧 하나님을 두려워하며 진실 무망하며 불의한 이를 미워하는 자를 빼서 백성 위에 세워 천부장과 백부장과 오십부장과 십부장을 삼아 그들로 때를 따라 백성을 재판하게 하라. 무릇 큰일이면 그대에게 베풀 것이고 무릇 작은 일이면 그들이 스스로 재판할 것이니 그리하면 그들이 그대와 함께 담당할 것인즉 일이 그대에게 쉬우리라"(출 18:21-22)고 하면서 일을 지혜 있게 하는 방법을 권했다. 예수님께서도 혼자 일하신 것이 아니다. 부족하고 모자라긴 하지만 연약한 자들을 제자로 삼으시고 이들과 동역하면서 그의 사역을 감당하신 것이다. 일을 나눠 하는 조직이 건강한 조직이다.

Chapter 6

정부 정책 성공은 국민들의 신뢰부터

곧 새로운 정부가 들어선다. 향후 5년이란 세월 동안 우리 정부가 나아가야 할 큰 방향을 결정하는 중요한 시점이다. 단기적으로 인기를 끌 수 있는 정책보다도 국민들이 안심하고 경제생활을 할 수 있도록 국민들의 신뢰를 쌓는 것이 중요하다. 일단 신뢰관계가 형성되면 정책의 효과는 높아지게 된다.

클린턴 대통령이 집권하던 기간에 미국은 높은 경제성장률과 낮은 물가상승률로 오랫동안 호황을 누렸다. 많은 경제학자들이 전전 대통령이었던 레이건 대통령이 이룩한 규제완화와 구조조정의 효과를 클린턴 대통령이 누렸다고 평가한다. 또 하나 중요한 요인은 클린턴 대통령 시절 그린스펀과 루빈이라는 환상적인 콤비가 경제를 안정적으로 이끌었기 때문이라는 평가다. 미국의 통화정책을 결정하는 연방준비제도이사회(FRB) 의장이었던 그린스펀이 통화정책을 안정적으로 유지하였고, 재무부 장관이었던 루빈이 지속적인 재정지출 축소를 뱃심을 갖고 밀어붙여서 결국 정부재정을 흑자로 반전시켜 놓았던 것이다.

말은 간단하지만 대통령으로서 적극적인 경제정책의 유혹을 뿌리치고 재정지출을 줄인다는 것은 결코 쉬운 일이 아니다. 신경 써야 할 복지정책이 하나둘이 아니며 서로 이해를 달리하는 이익집단의 목소리도 만만치 않기 때문이다. 이 모두 선출직이요 정치인인 대통령으로선 관심을 기울이지 않을 수 없는 내용이기 때문이다. 정치 속성상 대통령은 단기적인 결과를 내놓아야만 할 절박한 위치에 있게 마련이다. 클린턴 정부에서의 장기호황은 이러한 유혹을 물리치고 안정적인 재정정책을 펼친 데 대한 시장의 신뢰가 반영된 결과이며 그 보상이라고 할 수 있다.

여호수아가 이끄는 이스라엘 백성이 요단강을 건너서 가나안 땅의 첫 성읍인 여리고성을 공격하기 전에 하나님께서는 모든 남자들에게 할례를 받으라고 명령하셨다. 뒤에는 강, 앞에는 적이 있는 매우 위험한 상황에서 하나님은 이스라엘 백성의 순종과 하나님에 대한 신뢰를 먼저 요구하신 것이다. 이후 여리고성을 공략할 때에도 한 사람이 전리품을 훔친 죄를 하나님께서는 엄히 물어 아이성 전투에서 이스라엘 백성이 크게 패하게 하신다. 이런 과정을 거쳐서 이스라엘 백성이 하나님 앞에 올바르게 서고 신뢰관계가 회복되자 이스라엘은 파죽지세로 가나안의 적들을 점령하고 결국 그 땅을 차지하게 되었다.

단기적인 정책과 임기응변 그리고 위기관리도 중요하다. 그러나 보다 근본적으로 국민이 정부를 신뢰할 수 있는 장기적인 정책과 이를 실천할 수 있는 능력을 국민들은 더 기대하고 있다.

큰 정부에 대한 하나님의 경계

정부는 불완전한 시장의 좋은 보완책이다. 예를 들면 정부는 독과점을 규제해 소비자들이 싼 값으로 물건을 살 수 있도록 한다. 국방이나 치안과 같은 공공재를 직접 제공해 국민이 안심하고 편안하게 살 수 있도록 도와준다. 시장 자체에서는 제약을 하기 어려운 환경오염에 대해서도 금지나 벌금 부과, 과세 등을 통해 피해를 줄인다. 또 정부는 'KS 마크', '품(品)자 마크', 'ISO' 등과 같은 품질 기준을 제시하고 안전 검사를 통해 안심하고 상품을 거래하도록 도와준다.

이처럼 시장에서는 자율적으로 이루어지지 않는 일들을 정부는 도와준다. 그래서 우리는 무슨 문제가 생길 때마다 정부가 나서주기를 기대한다. 그러나 정부의 크기가 커지면 많은 문제가 발생하기도 한다. 거대한 공공부문은 민간의 할 일을 잠식하고 국민에게 세금과 각종 부과금을 씌우는 원천이 된다. 이에 대해 영국의 역사·정치학자 파킨슨은 관리자의 수는 업무량과 관계없이 늘어난다는 이른바 '파킨슨 법칙'을 제시하기도 했다.

성경도 이미 오래 전에 큰 정부의 폐해에 대해 경고하고 있다. 모세는 신명기 17장 14-20절에서 훗날 이스라엘 왕에 대해 병마를 많이 두지 말고, 병마를 많이 얻기 위해 백성을 애굽으로 돌아가게 하지 말고, 아내를 많이 두지 말고, 자신을 위해 은금을 쌓지 말며 여호와의 율법을 지켜 행하라고 경계하는 말을 남긴다. 요즈음 말로 큰 정부에 대한 경계인 셈이다.

훗날 이스라엘 백성들이 가나안 땅에서 이방 족속과 싸우면서 왕을 세우려 하자 하나님은 사무엘 선지자에게 왕의 제도에 대한 실상을 알게 하라고 명하신다. 이에 따라 사무엘은 백성들에게 왕을 세우면 백성들에게 병거와 말을 달리게 하고, 천부장과 오십부장을 삼고, 백성들에게 자기 밭을 갈게 하고, 딸들을 궁녀로 삼고, 신하들을 위하여 백성들의 좋은 밭과 포도원, 양떼를 취할 것이라며 왕정의 단점을 밝힌다(삼상 8:9-18).

이런 모세와 사무엘의 경고는 정확하게 들어맞는다. 솔로몬 왕은 훗날 수많은 병거와 마병을 두고 은을 돌처럼 흔하게 모았다. 솔로몬이 죽고 그의 아들 르호보암이 왕위를 이어받자 온 회중이 나아가 "왕의 부친이 우리의 멍에를 무겁게 하였으니 왕은 이제 왕의 부친이 우리에게 시킨 고역과 메운 무거운 멍에를 가볍게 하소서 그리하시면 우리가 왕을 섬기겠나이다"(왕상 12:4)라고 청원한다. 그러나 르호보암은 '큰 정부'의 유혹을 이기지 못해 그들의 청을 거절, 결국 왕국은 둘로 쪼개진다. 큰 정부는 국민에게 짐이 된다는 것을 하나님이 경계하시는 대목이다.

Chapter 8

최선의 복지는 좋은 이웃이 되는 것

현대 사회에서 국민에 대한 복지 혜택은 날로 확산되고 있다. 복지수준뿐 아니라 그 적용 범위도 다양화되고 있다. 그래서인지 주거복지, 교육복지, 의료복지, 노인복지, 근로복지 등 여러 분야에 복지란 말이 쓰인다. 특히 취약계층에 기회를 제공하면서 동시에 경쟁의 혹독함에서 보호하는 최소한의 안전 그물망(safety net)을 마련하는 것도 현대적인 복지 개념의 중요한 분야로 자리잡고 있다.

가난하고 취약한 계층을 돌아보는 방법은 주변의 어려운 사람을 직접 돌보는 방법과 보이지 않는 취약계층을 세금과 각종 복지 시스템을 통해 돕는 방법 두 가지로 구분할 수 있다. 성경에서 말하는 취약계층의 대표적 예는 "여호와께서 객을 보호하시며 고아와 과부를 붙드시고"(시 146:9)에서 알 수 있듯 고아와 과부와 나그네들이다. 주변의 어려운 이웃에 대한 베풂도 성경에 자주 언급되고 있다. "땅에는 언제든지 가난한 자가 그치지 아니하겠으므로 내가 네게 명하여 이르노니 너는 반드시 네 경내 네 형제의 곤란한 자와 궁핍한 자에게 네 손을 펼지니라"(신 15:11)고 하셨다.

그러고 보면 하나님께서는 익명성에 숨어 있는 복지 시스템보다 개개인이 주변의 이웃을 돌보는 것이 더 의미 있다고 보시는 것 같다. 어떤 광고에서 유명 연예인 부부가 아프리카를 비롯한 가난한 나라의 아이들에게 입양 형식으로 사랑을 베푸는 훈훈한 모습을 보여주고 있다. 입양까지는 아니더라도 실명과 사진을 제공하며 아이들이 성장하는 모습을 직접 기부자에게 지속적으로 알려주는 기아대책 및 구제 프로그램이 효과적인 것으로 알려져 있다. 상대의 얼굴과 이름을 알고 인격적인 교제를 하면 멀리 떨어져 있어도 주변의 이웃이 되기 때문이다.

선거 때마다 정치인들은 다양한 복지정책을 제시한다. 그러나 이러한 정책 상품들이 국민들과 경제에 얼마나 부담이 되는지를 제대로 파악하고 있는지 의심스럽다. 어찌 보면 다른 사람들의 돈으로 인심 쓰는 것처럼 보인다. 게다가 자발적인 기부와 헌금도 이름 없는 다수에게 베푸는 익명성 프로그램이 될 때엔 그 효과가 떨어진다는 연구 결과가 있다. 다른 사람들이 하겠거니 생각해 참여율이 저조해지기 때문이다.

하나님은 복지정책이나 익명성에 가려진 기부보다 좋은 이웃이 되라고 가르치시는 것 같다. 좋은 이웃은 가까이 사는 친절한 사람만이 아니다. 직장 동료, 교회 성도, 길에서 만난 사람들, 또는 무슨 일을 할 때 주위에서 어려움을 당한 사람들에게 사랑을 베푸는 사람을 말한다. 예수님께서 선한 사마리아 사람의 비유를 들고 나서 하신 질문을 기억하자. "누가 강도 만난 자의 이웃이 되겠느냐?"(눅 10:36)

6부

크리스천 오블리쥬

Chapter 1

정직한 사람, 투명한 사회

학력 위조 사건으로 온 나라가 떠들썩한 지가 바로 엊그제다. 그러나 부정과 부패와 연관된 큰 사건은 지금도 계속 발생하고 있다. 현직 국세청장이 뇌물수수 혐의로 구속되는가 하면 삼성이 검찰 등 권력기관의 공무원들에게 뇌물을 줘 이들을 관리했다는 의혹이 제기되기도 했다. 또 한 외국어고 교사는 입시문제를 유출시켜 학원에 팔았다고 한다. 한국 사회의 속을 들여다보면 과연 부정, 부패가 없는 곳이 있을까라는 의구심조차 들게 된다.

한국은 국제투명성 기구가 발표하는 투명성 순위에서 줄곧

40위권을 유지하고 있다. 2006년의 순위에 따르면 한국은 42위로 평가된 반면 일본은 17위, 칠레가 20위, 대만이 34위를 기록했다. 요르단과 헝가리가 40위, 41위로 한국보다 앞서 있다. 한국보다 1인당 국민소득이 현격히 높으면서 부패가 더 심하다고 평가된 나라는 이태리밖에 없다. 즉 한국은 국민소득에 걸맞지 않게 부패가 심한 나라로 평가되고 있다.

부패를 줄이면 경제도 좋아진다. 부패 정도에 있어서 한국이 일본만큼만 돼도 경제성장률이 1% 가량 증가할 것이라는 연구가 있다. 성장률이 1% 증가하면 일자리가 6만개 늘어나는 셈이다. 우리 사회가 일본보다 더 부패하기 때문에 6만명의 사람들이 일자리를 얻지 못하는 것이다. 부패한 사회에서는 서로를 믿지 못하기 때문에 비효율성이 증가한다. 또 투자도 감소하고 정치도 불안정해진다. 사람들은 생산적 활동보다는 부패를 통한 돈벌이에 열중하게 된다. 이 모든 것이 부패의 경제적 비용이다.

투명성이 높은 나라 중에는 유독 개신교 국가들이 많다. 2006년 순위로 투명성이 가장 높은 것으로 평가된 10개국 중 싱가포르를 제외하면 모두 개신교 전통의 국가들이다. 사실

개신교인들 수가 증가하면 경제성장도 높아진다는 연구 결과가 많다. 개신교인들이 많아지면 사회의 도덕수준이 높아지는 것이 중요한 이유 중 하나이다. 그런데 한국은 개신교인들은 많지만 부패 수준은 여전히 높은 이상한 나라이다. 이는 한국의 기독교인들이 자신의 삶에서 하나님의 성품을 본받으며 살지 않기 때문에 벌어진 현상이다.

하나님은 정직하시며 정의를 땅에 행하시는 분이시다(시 25:8, 렘 9:24). 기독교인들은 무엇보다 정직해야 한다. 그리고 부패 근절을 위하여 함께 노력해야 한다. 최근 정직과 감사 운동을 시작한 교회가 있다는 사실은 매우 감사한 일이다. 이런 운동이 모든 교회에서 동시에 일어나게 되기를 바란다. 표절하지 않겠다, 학력 등을 위조하지 않고 뇌물을 주고 받지 않겠다는 운동이 교인들에서부터 일어나야 한다. 이것이 하나님의 법을 따르는 기독교인들의 마땅한 순종이요, 일자리를 늘이고 사회를 투명하게 만드는 길이다.

Chapter 2

신뢰받는 그리스도인

하나님은 믿을 수 있는 분이시다. 하나님은 미쁘시고 신실하시고 약속하신 것을 능히 이루시는 분이다. 그 반면 그리스도인들은 어떠한가? 하나님과 예수님을 닮아가려는 사람들을 그리스도인이라고 정의한다면 그리스도인들도 믿을 수 있는 사람이 되어야 하고 이들이 모인 교회도 믿을 수 있는 공동체가 되어야 한다.

그런데 한국에서의 그리스도인들은 믿지 못할 사람, 교회는 신뢰할 수 없는 기관이 된 듯하다. 2000년에 실시된 세계 가치관 조사 자료에 따르면 한국에서 교회를 신뢰하는 정도는 행

정부나 군에 대한 신뢰도보다 크게 낮을 뿐 아니라 노동조합에 대한 신뢰도보다 낮은 것으로 나타났다. 10명 중에서 4명만이 교회를 신뢰한다고 답했으니, 이 중 그리스도인을 제외한 비기독인의 교회 신뢰도는 극히 낮다고 보아야 할 것이다.

윌리스턴 워커는 그의 저서 《세계 기독교회사》에서 온갖 박해에도 불구하고 초대교회가 계속 성장할 수 있게 된 이유를 세 가지로 제시하고 있다. 신앙을 지키기 위해 목숨을 바친 순교자들, 세상의 온갖 풍조와 지적 도전에 굴하지 않고 성경 원리를 지켜낸 교회지도자들, 그리고 세상보다 월등하게 높은 도덕 수준에 따라 생활한 성도들이 있었기 때문이다. 즉 교인의 도덕 수준이 세상보다 훨씬 높지 않으면 교회가 세상으로부터 신뢰받지 못하고 그렇게 되면 교회 성장도 어렵고 전도의 문도 막히고 만다. 현재 한국 교회의 성장 위기는 바로 신뢰의 위기로부터 비롯된 것이다.

신뢰가 무너지면 전도만 어려운 것이 아니다. 신뢰가 무너지면 경제도 무너진다. 서로 믿지 못하니 투자도 줄고 다른 경제 활동도 위축된다. 세계은행의 자료를 보면 한국은 미국에 비해 창업에 필요한 기간은 세 배 가량 길고 창업 비용은 10배 가량 높다고 한다. 이러한 비용을 치러야 하는 중요한 이유가 바로 신뢰가 부족하기 때문이다. 경제학자들에 따르면 신뢰가 10%포인트 증가할 때 경제성장률은 0.8%포인트 증가한다고 한다. 이를 한국에 적용하면 약 5만개의 새로운 일자리가 창출될 수 있게 된다.

예수님을 사랑하는 그리스도인은 신뢰받는 사람이 되어야 한다. 그리스도인들이 모인 교회는 신뢰받는 교회가 되어야 한다. 한국의 그리스도인들은 신뢰를 통해 한국이란 공동체의 무너진 성벽을 고치라는 사명을 부여받은 자들이다. 그러기에 신뢰운동은 전도 운동이요, 일자리 창출 운동이요, 공동체 사랑운동이다. 그리고 무엇보다 신뢰의 기초가 되는 선한 행실은 하나님께서 우리에게 명하신 것이다. "너희 착한 행실을 보고 하늘에 계신 너희 아버지께 영광을 돌리게 하라"(마 5:16).

Chapter 3

기업의 윤리관, 소비자 하기 나름

기독교인들은 기업을 어떻게 보아야 하는가? 기업의 목적과 역할은 무엇인가? 이는 많은 기독교인이 갖고 있는 의문일 것이다. 특히 최근 이랜드 사태를 보면서 이런 관심과 의문은 증폭되었을 법하다. 그러나 이 문제를 가지고 이야기를 해보면 기독교인 중에서도 기업을 이해하는 관점이 너무 다르다는 사실을 발견하기 일쑤다.

현대 사회를 구성하는 중요한 제도는 가정, 교회, 국가, 그리고 기업이다. 이 가운데 가정과 교회는 하나님께서 직접 만드신 제도다. 그러나 국가나 기업은 인간의 필요에 따라 자연스럽게 생겨난 제도다. 그리고 개인이나 교회와 달리 기업이나 국가는 역사의 어느 시기에 일시적으로만 활동하도록 허락된 제도다. 하나님께서는 마지막 심판 때에 개인을 심판하시지만 기업이나 국가를 심판하시지는 않는다. 따라서 이들에게 요구되는 윤리는 개인이나 교회와 달리 상대적으로 낮은 수준의 윤리다. 예를 들어 로마서에서는 국가를 평가하는 잣대를 선을 장려하고 악을 징벌하는 수준 정도로 제시하고 있다(롬 13:1-7).

가장 선하게 살아야 할 주체는 개인과 가정, 그리고 교회의 순이다. 그 다음으로 국가이고 마지막으로 기업일 것이다. 교회와 가정은 하나님께서 원하시는 최선의 삶을 지향하며 살아야 한다. 거기에는 이기심도 없고 오로지 섬김과 사랑의 원칙만 적용되는 제도 공간인 동시에 갈등이 일어날 소지도 가장 적은 곳이다. 또한 가정, 교회, 국가는 경쟁의 압력에 노출되어 있지 않은 반면 기업은 치열한 경쟁에 늘 직면해 있다. 노동자와 기업가, 그리고 주주와 소비자 등 이해당사자들간 갈등이 가장 첨예하게 대립될 수 있는 곳이 기업이다.

성경에서는 국가나 기업과 같은 상대적인 제도를 너무 이상적으로 바라보는 것을 경계하고 있다. 오히려 기업이 범법행위나 반(反)윤리적인 행동 없이 이윤을 창출한다면 그 기업은 하나님께서 허락하신 기본적인 역할을 다하는 것으로 이해해야 할 것이다. 그 과정에서 고용이 유지·증대되며 다른 사람들이 소비할 재화나 서비스가 만들어지기 때문이다.

개인이 비윤리적인데 기업만 윤리적으로 경영하라고 요구하는 것은 기업에 장렬히 전사하라는 소리와 마찬가지다. 오히려 기업의 윤리 경영이 가능하도록 그 환경을 만드는 것이 더 효과적이다. 소비자가 더욱 윤리적이고 투자자가 더욱 윤리적이라면 기업들은 알아서 윤리적이 된다. 그것이 기업의 이윤 추구에 도움이 되기 때문이다.

이와 같이 기독교인들이 윤리적으로 소비하고 투자하면 기업의 사회적 책임과 이윤 추구 사이의 갈등은 줄게 된다. 그리고 가장 바뀌기 어려운 기업이 변한다면 사회의 윤리 수준은 이미 상당히 높아진 것이다. 기독교인들은 그런 사회를 꿈꾸며 자신부터 윤리적인 삶을 살아야 한다.

Chapter 4

기독교인의 소비생활

우리의 소비생활을 어떻게 이해할 것인가에 대해 세 가지 관점이 있을 수 있다. 첫째는 소비를 삶의 목적으로 이해하는 것이다. 그래서 가능하면 많이 소비하고 더 좋은 것을 사기 위해 열심히 돈 벌어야 한다는 것이다. "현대인의 정체성은 자신이 가진 것, 소비하는 것의 총합"이라고 한 미국 주간지의 지적처럼 많은 사람은 이런 가치관을 가지고 산다. 그러나 성경에서는 이런 사람을 "어리석은 자"로 부르며 "삼가 모든 탐심을 물리치라"고 경계하신다(눅 12:15-21).

두번째 관점은 소득 중 일부를 헌금하거나 다른 사람들을 위해 쓰면 나머지는 내가 알아서 해도 된다는 생각이다. 십일조만 하고 나머지는 마음대로 써도 된다고 생각하는 것이다. 그러나 성경은 우리에게 "먹든지 마시든지 무엇을 하든지 다 하나님의 영광을 위해서 하라"(고전 10:31)고 가르치신다.

세번째 관점은 우리의 소비생활 전체에 성경의 원리가 적용되어야 한다고 믿는 것이다. 보다 구체적으로 성경은 우리의 소비생활에 두 가지 원칙, 즉 청지기 원리와 나그네 정신을 적용해야 한다고 말씀한다. 청지기 원리란 하나님이 주인이고 우리는 주인이 위탁한 재산을 관리하는 자라는 의미다. 따라서 소비에 있어서도 하나님께서 무엇을 기뻐하실지 생각하라는 것이다. 그리고 나그네 정신은 영원의 관점에서 우리의 경제생활을 바라보라는 것이다. 곳간에 먹을 것을 잔뜩 쌓아놓고 만족해하는 어리석은 부자처럼 이 땅에서의 삶에만 주목하지 말고 영원의 관점에서 우리 소비생활을 바라보고 행동하라는 말씀이다.

그러면 어떻게 이 원리를 우리의 소비생활에 적용할 수 있을까? 첫째, 과도한 소비를 경계해야 한다. 과도한 소비 때문에 장기적으로 소비가 소득을 초과한다면 부채가 늘 것이고 이는 자신의 건강한 경제생활이나 사회생활 혹은 신앙생활을 하기 어렵게 만든다. 그리고 가족 친척 이웃이나 다른 사람들에게 피해를 주게 된다.

둘째, 윤리적 관점에 따라 소비를 해야 한다. 최근 선진국의 소비자들은 물건을 살 때 물건을 만든 기업이나 생산자가 도덕적, 환경적으로 아무런 문제가 없는지 따져본다고 한다. 물론 개개인이 다 그렇게 하기 어렵기 때문에 비영리 기구에서 윤리적인 기업과 비윤리적인 기업의 리스트를 발표하기도 한다. 이렇게 되면 기업의 생산활동이, 더 나아가서는 사회 전체가 보다 윤리적이 되도록 자극하는 효과가 있다.

셋째, 나눔의 경제활동이 필요하다. 영원의 관점에서 '가장 수익이 큰 투자는 하나님께 돈을 빌려드리는 것이다. 그런데 하나님께서는 가난한 자를 불쌍히 여기는 것이 바로 하나님 자신에게 빌려주는 것이라고 말씀하신다(잠 19:17). 소비를 자제할 줄 아는 것은 기독교인의 미덕이다. 그리고 그것으로 이웃을 돕는다면 하나님 나라 경제생활의 진수를 실천하고 있는 것이다.

Chapter 5

북한을 어떻게 도울 것인가

북한 동포를 돕거나 통일 관련 일과 연구를 하는 사람들 중에는 유난히 기독교인들이 많다. 이는 한국의 많은 기독교인들이 북한 동포 지원과 남북 문제 해결을 자신들의 시대적 사명으로 여기기 때문이 아닌가 싶다. 그러나 현재 대북 지원이나 통일에 관해 한국 사회 여론은 크게 분열되어 있다.

한 언어를 쓰는 단일민족으로서 우리의 통일에 대한 기대는 자연스러운 것이다. 그리고 통일에 들어가는 비용은 단기적인 것이지만 통일로 인한 긍정적인 효과는 계속 발생한다. 예컨대 국방비 부담이 줄고 남북 갈등으로 인한 불확실성이 감소하면 경제는 발전하고 사회는 더욱 안정될 수 있을 것이다. 이러한 이익은 지속적으로 생기는 것이다. 즉 통일은 북한뿐 아니라 남한에도 장기적으로 큰 이익을 가져다준다.

그러나 북한이 자본주의로 체제 전환을 하지 않는 한, 우리의 도움은 북한 경제를 회복시키는 데 별 효과가 없을 것이다. 의식과 태도가 변하지 않은 상태에서의 순진한 도움은 오히려 사람을 가난의 함정에 밀어넣는 효과가 있다. 그래서 기독교인들은 북한을 도울 때에도 지혜를 가질 필요가 있다.

성경에서는 배고픈 사람들을 우선 먹이라고 말씀하신다. 어떤 이유에서든 북한의 동포들이 굶주릴 때 남한이 식량이나 비료로 도와주는 것은 당연한 것이며 기독교인들의 의무이다. 다음으로는 일을 하게 해야 한다. 그러나 문제는 북한에서는 일자리가 만들어지기 어렵다는 것이다. 일자리가 만들어지려면 투자가 이뤄져야 하는데 누구도 북한에 투자하려 하지 않는다. 사유재산권이 보장되지 않기 때문이다. 남한이 철도나 도로를 깔아줘도 그것을 이용할 물건들이 만들어지지 않는다면 헛수고이다.

그렇다면 북한을 어떻게 도울 수 있을까? 먼저 사람을 키우고, 그리고 그들의 생각을 바꾸는 데 돈을 써야 한다. 학교를 세우고 교육에 보조하며 학생들이 공부할 수 있도록 돕는 것이다. 그리고 사업을 하면서도 북한 사람과 접촉할 수 있는 기회를 많이 가져 그들의 생각을 바꾸도록 노력해야 한다. 그러나 북한을 도울 때 피해야 할 것도 있다. 경쟁적으로 북한에 들어가 막대한 돈을 주고서라도 무언가를 이루려고 하는 것이다. 북한에 현금을 주는 것은 손쉬운 해결책으로 보인다. 그러나 그 결과 인플레이션이 심해지면 북한에서도 가난한 사람들이 더 큰 고통을 겪는다. 한국 교회가 북한을 도울 때에도 어떤 방법으로 돕는 것이 지혜로운 길인지 숙고할 필요가 있다.

기독교인과 특수이익집단

성경에서 크게 경계하고 있는 것은 '당을 짓는 것'이다. 갈라디아서 5장에서는 당 짓는 것을 육체의 일이라 규정하며 우상숭배와 음행 등과 같이 취급하고 있다. 그리고 이런 일을 하는 자들은 하나님의 나라를 유업으로 받지 못할 것이라고 경계하고 있다. 고린도전서 1장에서도 바울은 바울파, 아볼로파, 게바파, 그리스도파로 나뉘어 분쟁하고 있는 고린도교회를 강하게 질책하고 있다.

당을 짓는 가장 중요한 원인은 자신의 이익을 지키고 더 키우기 위해서이다. 좋은 말로 그럴 듯이 포장하는 경우도 따지고 보면 자신의 이익 때문인 경우가 대부분이다. 그런데 당을 짓는 사람들이 많아지면 여러 분쟁이 발생한다. 서로의 이해관계가 엇갈리기 때문이다. 당에 속하지 않은 사람은 앉아서 피해를 보게 된다. 따라서 처음에는 당을 만들지 않다가도 나중에는 당을 만들거나 참여하게 된다. 이렇게 되면 교회도 분열되고 사회도 쪼개지게 된다.

흥왕하는 나라의 특징은 공익을 목적으로 하는 모임은 많으나 자신들의 이익을 도모하는 모임은 적은 것이다. 반대로 쇠락하는 국가의 특징은 자신의 이익에만 골몰하여 공공의 이익을 해치는 특수이익집단이 많은 것이다. 경제학자 올슨은 "특수이익집단으로 가득 찬 사회란 레슬링 선수들이 서로 가져가려고 싸우는 유리그릇 상점과 같다. 가져가는 것보다 깨어지는 것이 훨씬 많다"며 특수이익집단의 폐해를 강조하고 있다.

한국은 특수이익집단이 많은 나라 중에 속한다. 옛날에는 약자, 개혁그룹이라고 주장했던 단체들이 지금은 특수이익집단으로 변모한 경우도 많은 듯하다. 더 이상 약자도, 개혁적 단체도 아닌 데도 불구하고 여전히 그런 식으로 자처하며 국민들을 현혹시키는 경우가 많다. 문제는 이들을 막을 방도가 마땅치 않다는 것이다. 그 회원들이 비교적 소수이기 때문에 특수이익집단이 누리는 일인당 이익은 아주 큰 반면 그들 때문에 야기되는 손실은 국민들 다수가 나눠지기 때문에 국민들이 특수이익집단의 발호를 앞장서서 막을 인센티브가 적기 때문이다.

기독교인들이 특수이익집단에 소속해서 활동하고 있으면 심각하게 탈퇴를 고민해야 한다. 자신이나 자신이 소속된 단체의 이익만을 위하여 공공의 이익, 특히 상대적으로 더 약자의 권익을 훼손하는 경우가 많다면 이는 성경의 정신에 부합되지 않는다. 믿음이 있다고 말하지만 삶으로는 당을 지어 활동함으로써 자신이 속한 공동체나 나라를 그르치는 행동을 하는 기독교인들은 이를 심각하게 생각하고 반성해야 한다. 하나님은 나중에 이를 기필코 회계하실 것이기 때문이다.

Chapter 7

그러면 우리는 어떻게 살 것인가

영국 대부흥기의 대표적 인물이자 감리교의 창시자인 존 웨슬리 목사는 기독교인의 경제생활 원리를 다음과 같이 집약한 바 있다. "할 수 있는 대로 최대한 벌어라. 또 할 수 있는 대로 최대한 저축하라. 그리고 할 수 있는 대로 최대한 베풀어라." 즉 근면, 절제, 나눔이 하나되어 열심히 일하고 모으되 자신을 위해서는 아껴 쓰고 타인, 특히 약자를 위해서는 많이 쓰는 것이 기독교인의 경제생활의 요체라는 말씀이다.

웨슬리를 비롯해 그 당사의 많은 영국 성도들은 그렇게 살았다. 19세기에 영국은 산업자본주의의 선두주자로 경제는 크게 성장하고 있었지만 한편으로 빈곤층 문제가 대단히 심각했다. 기독교인들은 이 문제를 해결하지 않으면 하나님 나라의 성도가 아니라고 생각할 정도로 깊은 책임감을 갖고 있었다. 그리고 가난한 자와 약자에 대한 자선은 구원받은 자가 반드시 행해야 할 의무로 생각했다.

영국의 상류층과 중산층은 빈민구제 세금을 내는 것 외에도 자선단체에 많은 기부를 했다. 특히 기독교인 중산층 다수는 보통 2-4개 자선단체를 10년 이상 지속적으로 후원했다. 자선병원과 자선학교를 설립하고 운영하는 단체, 가난한 노인과 산모를 돌보는 단체, 성년과 미성년 노숙자들을 구제하는 단체, 실업자 구제단체, 국내외 선교단체 등 헤아릴 수 없이 많은 자선단체를 후원하거나 자원봉사자로 참여했다.

근로 가능한 극빈층을 도울 때는 거저 주지 않았고 자립 의지를 북돋우는 방법을 동원했다. 예를 들면 생계유지가 어려운 사람들도 적은 돈이나마 정기적으로 저축하게 하고, 그 돈에 후원자들의 기부금을 보태 겨울에 생필품을 사주는 것이었다. 그리고 일자리가 없는 사람들을 위해서는 펀드를 만들어 도로 청소나 보수 등 일을 하게 하고 그 대가로 임금을 지불했다. 자선하는 자들이나 단체들은 일할 수 있는 사람들에게 거저 돈을 주는 것을 죄짓는 일로 여겼다. 오히려 가난한 자들의 근면과 저축하는 습관을 고취시켜 이들이 빈곤에서 벗어나도록 해야 한다고 강하게 믿고 있었다. 이들에게 있어 자선의 궁극적 목적은 도움을 받는 자를 자립시켜 온전한 시민으로 살게 하는 것이었다.

그 당시 영국의 중산층 가정은 현재 한국의 부모들이 자녀 교육에 관심을 기울이는 만큼이나 극성스러울 정도로 활발하게 자선활동을 했다. 만약 한국의 기독교인들이 자신들의 자녀 교육에 쓰는 물질과 관심의 10분의 1만 이웃을 돕는 데 사용한다면 한국은 진정한 사회 변혁을 경험하게 될 것이다. 우리가 뽑은 대통령, 그리고 앞으로 어떤 대통령도 해결하지 못할 진정한 사회 변혁을 기독교인들이 이루게 될 것이다. 지금 이 시대에 우리가 무엇을 꿈꾸고 어떻게 살아야 할 것인지 참된 고민이 필요하다.

Chapter 8

한국사회의 시대정신 그리스도인이 제시해야

그리스도인들은 한 사회의 정신적 주춧돌을 놓기 위하여 하나님께서 쓰시는 도구이다. 무너진 성벽을 세우고 훼파된 곳을 복구하는 데 사용되어야 하는 재료이다. 그러나 지난 수십 년간 한국의 많은 그리스도인들은 말씀에 따라 사고하고 그것을 삶에 적용하는 훈련을 받지 못했다. 열정은 있었지만 기독교적 관점을 형성하는 훈련은 미약하였다.

사회에 대하여 그리스도인들이 미칠 수 있는 가장 강력한 영향력은 섬김과 희생을 통하여 사람들의 가치관, 즉 생각을 바꾸는 것이다. 시대정신을 새로이 하는 것이다. 한국 사회를 일으키고 하나로 묶어주는 새로운 시대정신은 보수나 진보가 아니다. 그리스도인들은 진보나 보수의 틀에 얽매일 필요가 없다. 오히려 우리는 성경의 규범에 충직해야 하고 사실에 대해 천착해야 한다.

오늘날 한국이 필요로 하는 새로운 시대정신은 나눔과 배려, 정직과 신뢰이다. 한국이 선진국이 되는 것은 일인당 소득수준의 증가만으로는 불충분하다. 아무리 돈이 많아도 약자를 돕고 타인을 배려하지 않는 사회라면 선진국의 자격이 없다. 아니 나눔과 배려, 정직과 신뢰의 문화 없이는 선진국이 될 수도 없을 것이다.

올바른 시대정신의 터 위에서 그리스도인들은 한국사회의 구체적인 문제 해결에도 기여해야 한다. 그리스도인들은 성경말씀이 주는 인간과 사회, 자연에 대한 통찰력을 소유한 자들이다. 이 통찰력과 전문성을 결합하여 한국의 중요한 문제, 예를 들면 교육문제를 바로잡고 북한 문제를 해결하기 위하여 그리스도인들이 노력해야 한다. 경제에 있어서도 바른 관점과 태도를 견지하여 선한 영향력을 행사하도록 힘써야 한다.

구한말이나 일제시대에 기독교는 한국사회가 필요로 하는 새로운 시대정신을 만들었다. 정직과 건전한 생활습관, 개방과 교육을 통하여 한국의 기독교는 한국사회를 지탱시키면서 후일 한국사회가 도약하는 밑거름을 제공했다.

이제 한국의 그리스도인들이 다시 한국사회를 위하여 썩어질 밀알이 되어야 할 때이다. 교회는 그리스도인들을 교회 안에만 묶어두려 하지 말고 오히려 사회와 소통하고 사회에 기여하도록 길을 열어주어야 한다. 그리고 나눔과 배려, 정직과 신뢰를 가르치고 연습하여 올바른 시대정신을 세워나가야 한다.